I0825882

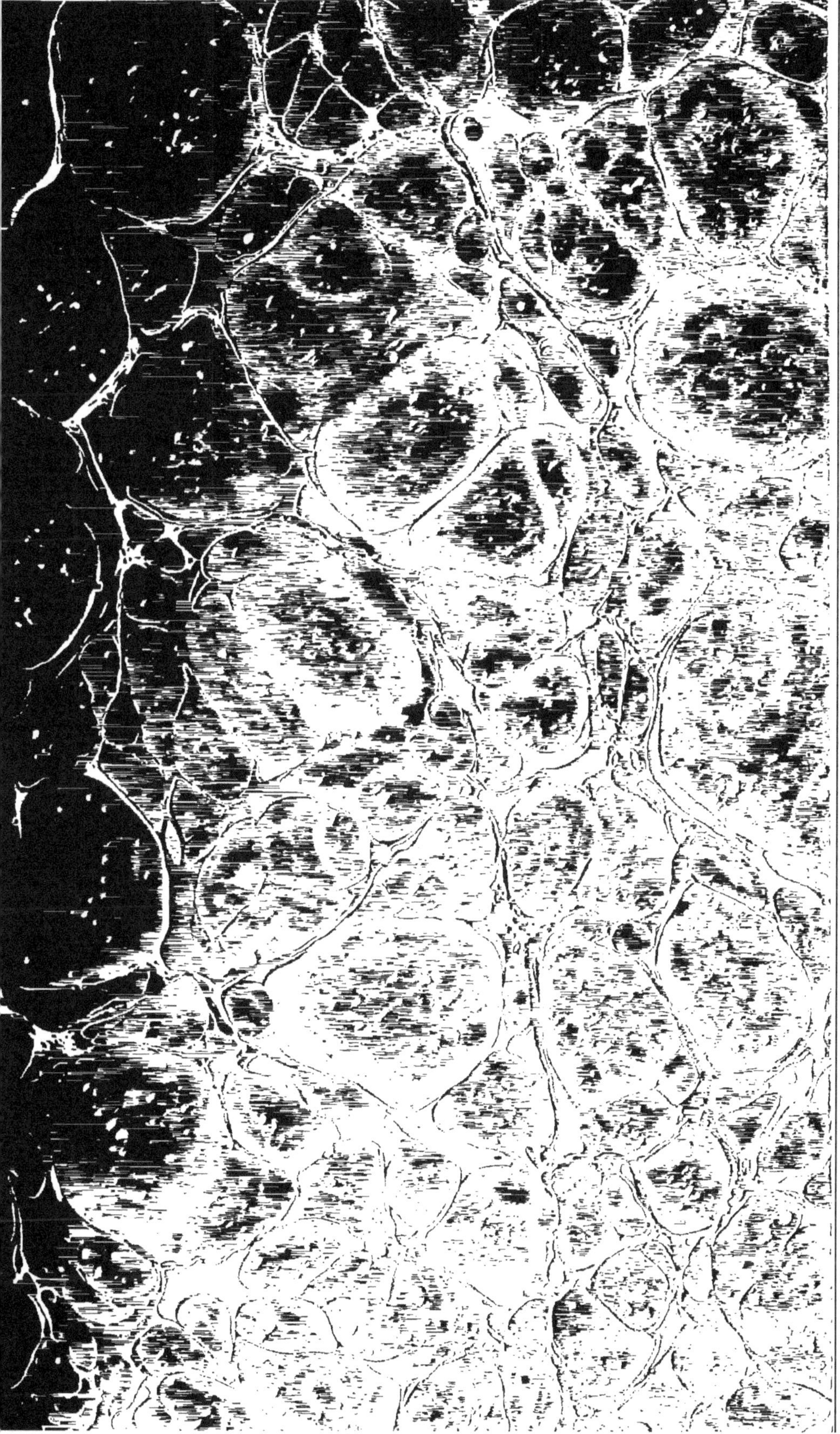

ROBERT 1976

# ŒUVRES

DE M. LE COMTE

# ALFRED DE VIGNY.

2244

8° Ye
21385

**ŒUVRES DE M. LE COMTE ALFRED DE VIGNY.**

*TITRES DES POEMES.*

MOISE.
LA FILLE DE JEPHTÉ.
LA FEMME ADULTÈRE
LE BAIN.
LE SOMNAMBULE.
LA DRYADE.
SYMÉTHA.
LE BAIN D'UNE DAME ROMAINE.

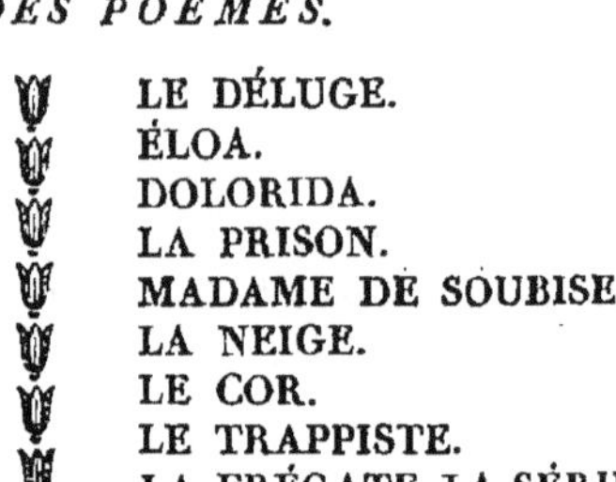

LE DÉLUGE.
ÉLOA.
DOLORIDA.
LA PRISON.
MADAME DE SOUBISE.
LA NEIGE.
LE COR.
LE TRAPPISTE.
LA FRÉGATE LA SÉRIEUSE.

*ROMAN.*

CINQ-MARS,

OU

UNE CONJURATION SOUS LOUIS XIII.

QUATRIÈME ÉDITION.

2 VOLUMES IN-8°, ET 4 VOLUMES IN-12.

DE L'IMPRIMERIE DE LACHEVARDIERE,

RUE DU COLOMBIER, N° 30, A PARIS.

# POÈMES,

PAR M. LE COMTE

# ALFRED DE VIGNY,

AUTEUR DE CINQ-MARS.

SECONDE ÉDITION, REVUE, CORRIGÉE ET AUGMENTÉE.

DON 126552

LA SÉRIEUSE.

PARIS,

CHARLES GOSSELIN, LIBRAIRE

DE S. A. R. MONSEIGNEUR LE DUC DE BORDEAUX,

RUE SAINT-GERMAIN-DES-PRÉS, N. 9;

URBAIN CANEL, RUE J.-J. ROUSSEAU, N° 16;

LEVAVASSEUR, PALAIS-ROYAL.

M DCCC XXIX.

Nous réunissons ici, pour la première fois, des poèmes qui furent composés et publiés de temps à autre, çà et là, à travers la vie errante et militaire de l'auteur. Plusieurs nouveaux poèmes en remplacent d'autres, qui ont été jugés sévèrement par lui-même et retranchés de l'élite de ses œuvres.

Le seul mérite qu'on n'ait jamais disputé

à ces compositions, c'est d'avoir devancé en France toutes celles de ce genre, dans lesquelles presque toujours une pensée philosophique est mise en scène sous une forme épique ou dramatique.

Ces poèmes portent chacun leur date: cette date peut être à la fois un titre pour tous et une excuse pour plusieurs; car, dans cette route d'innovations, l'auteur se mit en marche bien jeune, mais le premier.

# LIVRE ANTIQUE.

❀

## Antiquité Biblique.

❀

A M. Victor Hugo.

# MOÏSE.

## POEME.

# Moïse.

*

Le soleil prolongeait sur la cime des tentes
Ces obliques rayons, ces flammes éclatantes,
Ces larges traces d'or qu'il laisse dans les airs,
Lorsqu'en un lit de sable il se couche aux déserts.

La pourpre et l'or semblaient revêtir la campagne.
Du stérile Nébo gravissant la montagne,
Moïse, homme de Dieu, s'arrête, et, sans orgueil,
Sur le vaste horizon promène un long coup d'œil.
Il voit d'abord Phasga que des figuiers entourent,
Puis, au-delà des monts que ses regards parcourent,
S'étend tout Galaad, Ephraïm, Manassé
Dont le pays fertile à sa droite est placé;
Vers le Midi, Juda, grand et stérile, étale
Ses sables où s'endort la mer occidentale;
Plus loin, dans un vallon que le soir a pâli,
Couronné d'oliviers, se montre Nephtali;
Dans des plaines de fleurs magnifiques et calmes
Jéricho s'aperçoit, c'est la ville des palmes;
Et, prolongeant ses bois, des plaines de Phogor
Le lentisque touffu s'étend jusqu'à Ségor.

Il voit tout Chanaan, et la terre promise,
Où sa tombe, il le sait, ne sera point admise.
Il voit; sur les Hébreux étend sa grande main,
Puis, vers le haut du mont il reprend son chemin.

*

Or, des champs de Moab couvrant la vaste enceinte,
Pressés au large pied de la montagne sainte,
Les enfans d'Israël s'agitaient au vallon
Comme les blés épais qu'agite l'aquilon.
Dès l'heure où la rosée humecte l'or des sables,
Et balance sa perle au sommet des érables,
Prophète centenaire, environné d'honneur,
Moïse était parti pour trouver le Seigneur.

On le suivait des yeux aux flammes de sa tête,
Et, lorsque du grand mont il atteignit le faîte,
Lorsque son front perça le nuage de Dieu
Qui couronnait d'éclairs la cime du haut lieu,
L'encens brûla partout sur les autels de pierre,
Et six cent mille Hébreux, courbés dans la poussière,
A l'ombre du parfum par le soleil doré,
Chantèrent d'une voix le cantique sacré;
Et les fils de Lévi, s'élevant sur la foule,
Tels qu'un bois de cyprès sur le sable qui roule,
Du peuple avec la harpe accompagnant les voix,
Dirigeaient vers le ciel l'hymne du Roi des Rois.

*

Et, debout devant Dieu, Moïse ayant pris place,
Dans le nuage obscur lui parlait face à face.

Il disait au Seigneur : « Ne finirai-je pas?
Où voulez-vous encor que je porte mes pas?
Je vivrai donc toujours puissant et solitaire?
Laissez-moi m'endormir du sommeil de la terre. —
Que vous ai-je donc fait pour être votre élu?
J'ai conduit votre peuple où vous avez voulu.

Voilà que son pied touche à la terre promise;
De vous à lui qu'un autre accepte l'entremise,
Au coursier d'Israël qu'il attache le frein;
Je lui lègue mon livre et la verge d'airain.

Pourquoi vous fallut-il tarir mes espérances,
Ne pas me laisser homme avec mes ignorances,
Puisque du mont Horeb jusques au mont Nébo
Je n'ai pas pu trouver le lieu de mon tombeau?
Hélas! vous m'avez fait sage parmi les sages!
Mon doigt du peuple errant a guidé les passages.
J'ai fait pleuvoir le feu sur la tête des rois;
L'avenir à genoux adorera mes lois;

Des tombes des humains j'ouvre la plus antique,
Le mort trouve à ma voix une voix prophétique,
Je suis très grand, mes pieds sont sur les nations,
Ma main fait et défait les générations. —
Hélas! je suis, Seigneur, puissant et solitaire,
Laissez-moi m'endormir du sommeil de la terre!

Hélas! je sais aussi tous les secrets des cieux,
Et vous m'avez prêté la force de vos yeux.
Je commande à la nuit de déchirer ses voiles;
Ma bouche par leur nom a compté les étoiles,
Et, dès qu'au firmament mon geste l'appela,
Chacune s'est hâtée en disant : Me voilà.

J'impose mes deux mains sur le front des nuages
Pour tarir dans leurs flancs la source des orages;
J'engloutis les cités sous les sables mouvans;
Je renverse les monts sous les ailes des vents;
Mon pied infatigable est plus fort que l'espace;
Le fleuve aux grandes eaux se range quand je passe,
Et la voix de la mer se tait devant ma voix.
Lorsque mon peuple souffre, ou qu'il lui faut des lois,
J'élève mes regards, votre esprit me visite;
La terre alors chancelle, et le soleil hésite;
Vos anges sont jaloux et m'admirent entre eux. —
Et cependant, Seigneur, je ne suis pas heureux;
Vous m'avez fait vieillir puissant et solitaire,
Laissez-moi m'endormir du sommeil de la terre.

Sitôt que votre souffle a rempli le berger,
Les hommes se sont dit : Il nous est étranger;
Et leurs yeux se baissaient devant mes yeux de flamme,
Car ils venaient, hélas! d'y voir plus que mon âme.
J'ai vu l'amour s'éteindre et l'amitié tarir,
Les vierges se voilaient et craignaient de mourir.
M'enveloppant alors de la colonne noire,
J'ai marché devant tous, triste et seul dans ma gloire,
Et j'ai dit dans mon cœur : Que vouloir à présent?
Pour dormir sur un sein mon front est trop pesant,
Ma main laisse l'effroi sur la main qu'elle touche,
L'orage est dans ma voix, l'éclair est sur ma bouche;
Aussi, loin de m'aimer, voilà qu'ils tremblent tous,
Et, quand j'ouvre les bras, on tombe à mes genoux.

— O Seigneur! j'ai vécu puissant et solitaire,
Laissez-moi m'endormir du sommeil de la terre. »

*

Or, le peuple attendait; et, craignant son courroux,
Priait sans regarder le mont du Dieu jaloux;
Car s'il levait les yeux, les flancs noirs du nuage
Roulaient et redoublaient les foudres de l'orage,
Et le feu des éclairs aveuglant les regards
Enchaînait tous les fronts courbés de toutes parts.
Bientôt le haut du mont reparut sans Moïse. —
Il fut pleuré. — Marchant vers la terre promise,

Josué s'avançait pensif, et pâlissant,

Car il était déjà l'élu du Tout-Puissant.

Écrit en 1822.

# LA FILLE DE JEPHTÉ.

## POEME.

Et de là vient la coutume qui s'est toujours observée depuis en Israël,
Que toutes les filles d'Israël s'assemblent une fois l'année, pour pleurer la fille de Jephté de Galaad, pendant quatre jours.

*Juges*, ch. IX, v. 40.

# La Fille de Jephté.

*

Voilà ce qu'ont chanté les filles d'Israël,

Et leurs pleurs ont coulé sur l'herbe du Carmel :

— Jephté de Galaad a ravagé trois villes;
Abel! la flamme a lui sur tes vignes fertiles!
Aroër sous la cendre éteignit ses chansons!
Et Mennith s'est assise en pleurant ses moissons!

Tous les guerriers d'Ammon sont détruits, et leur terre
Du Seigneur notre Dieu reste la tributaire.
Israël est vainqueur, et par ses cris perçans
Reconnaît du Très-Haut les secours tout-puissans.

A l'hymne universel que le désert répète
Se mêle en longs éclats le son de la trompette,
Et l'armée, en marchant vers les tours de Maspha,
Leur raconte de loin que Jephté triompha;

Le peuple tout entier tressaille de la fête.
Mais le sombre vainqueur marche en baissant la tête;
Sourd à ce bruit de gloire, et seul, silencieux,
Tout-à-coup il s'arrête, il a fermé ses yeux.

Il a fermé ses yeux, car au loin, de la ville,
Les vierges, en chantant, d'un pas lent et tranquille
Venaient; il entrevoit le chœur religieux,
C'est pourquoi, plein de crainte, il a fermé ses yeux.

Il entend le concert qui s'approche et l'honore;
La harpe harmonieuse et le tambour sonore,
Et la lyre aux dix voix, et le Kinnor léger,
Et les sons argentins du Nebel étranger.

Puis, de plus près, les chants, leurs paroles pieuses,
Et les pas mesurés en des danses joyeuses,
Et, par des bruits flatteurs, les mains frappant les mains,
Et de rameaux fleuris parfumant les chemins.

Ses genoux ont tremblé sous le poids de ses armes;
Sa paupière s'entr'ouvre à ses premières larmes:
C'est que, parmi les voix, le père a reconnu
La voix la plus aimée à ce chant ingénu:

— « O vierges d'Israël, ma couronne s'apprête
» La première à parer les cheveux de sa tête;
» C'est mon père, et jamais un autre enfant que moi
» N'augmenta la famille heureuse sous sa loi. »

Et ses bras à Jephté donnés avec tendresse,
Suspendant à son cou leur pieuse caresse :
« Mon père, embrassez-moi ! D'où naissent vos retards ?
» Je ne vois que vos pleurs et non pas vos regards.

» Je n'ai point oublié l'encens du sacrifice :
» J'offrais pour vous hier la naissante génisse ;
» Qui peut vous affliger ? le Seigneur n'a-t-il pas
» Renversé les cités au seul bruit de vos pas ? »

— « C'est vous, hélas ! c'est vous, ma fille bien-aimée ? »
Dit le père en rouvrant sa paupière enflammée ;
« Faut-il que ce soit vous ? ô douleurs des douleurs !
» Que vos embrassemens feront couler de pleurs !

» Seigneur, vous êtes bien le Dieu de la vengeance,
» En échange du crime il vous faut l'innocence.
» C'est la vapeur du sang qui plaît au Dieu jaloux!
» Je lui dois une hostie, ô ma fille! et c'est vous! »

— « Moi? » dit-elle. Et ses yeux se remplirent de larmes.
Elle était jeune et belle, et la vie a des charmes.
Puis elle répondit : « O si votre serment
» Dispose de mes jours, permettez seulement

» Qu'emmenant avec moi les vierges mes compagnes,
» J'aille, deux mois entiers, sur le haut des montagnes,
» Pour la dernière fois, errante en liberté,
» Pleurer sur ma jeunesse et ma virginité!

» Car je n'aurai jamais, de mes mains orgueilleuses,
» Purifié mon fils sous les eaux merveilleuses ;
» Vous n'aurez pas béni sa venue, et mes pleurs
» Et mes chants n'auront pas endormi ses douleurs ;

» Et, le jour de ma mort, nulle vierge jalouse
» Ne viendra demander de qui je fus l'épouse,
» Quel guerrier prend pour moi le cilice et le deuil :
» Et seul vous pleurerez autour de mon cercueil. »

Après ces mots, l'armée assise tout entière
Pleurait, et sur son front répandait la poussière.
Jephté sous un manteau tenait ses pleurs voilés ;
Mais, parmi les sanglots, on entendit : « Allez. »

Elle inclina la tête et partit. Ses compagnes,
Comme nous la pleurons, pleuraient sur les montagnes.
Puis elle vint s'offrir au couteau paternel.
— Voilà ce qu'ont chanté les filles d'Israël.

Écrit en 1820.

LA

# FEMME ADULTÈRE.

## POEME.

L'adultère attend le soir et se dit : Aucun œil ne me verra ; et il se cache le visage, car la lumière est pour lui comme la mort.

*Job*, ch. XXIV, v. 15-17.

# La Femme adultère.

*

I.

« Mon lit est parfumé d'aloès et de myrrhe,
» L'odorant cinnamome et le nard de Palmyre

» Ont chez moi de l'Égypte embaumé les tapis.
» J'ai placé sur mon front et l'or et le lapis;
» Venez, mon bien-aimé, m'enivrer de délices
» Jusqu'à l'heure où le jour appelle aux sacrifices:
» Aujourd'hui que l'époux n'est plus dans la cité,
» Au nocturne bonheur soyez donc invité;
» Il est allé bien loin. » — C'était ainsi, dans l'ombre,
Sur les toits aplanis et sous l'oranger sombre,
Qu'une femme parlait, et son bras abaissé
Montrait la porte étroite à l'amant empressé.
Il a franchi le seuil où le cèdre s'entr'ouvre,
Et qu'un verrou secret rapidement recouvre;
Puis ces mots ont frappé le cyprès des lambris:
« Voilà ces yeux si purs dont mes yeux sont épris!
» Votre front est semblable au lis de la vallée,
» De vos lèvres toujours la rose est exhalée;

» Que votre voix est douce, et douces vos amours!
» O quittez ces colliers et ces brillans atours! »
— Non, ma main veut tarir cette humide rosée
Que l'air sur vos cheveux a long-temps déposée :
C'est pour moi que ce front s'est glacé sous la nuit!
— « Mais ce cœur est brûlant, et l'amour l'a conduit!
» Me voici devant vous, ô belle entre les belles!
» Qu'importent les dangers? que sont les nuits cruelles
» Quand du palmier d'amour le fruit va se cueillir,
» Quand sous mes doigts tremblans je le sens tressaillir?»
— Oui... Mais d'où vient ce cri, puis ces pas sur la pierre?
— « C'est un des fils d'Aaron qui sonne la prière.
» Eh quoi! vous pâlissez! Que le feu du baiser
» Consume nos amours qu'il peut seul apaiser,
» Qu'il vienne remplacer cette crainte farouche,
» Et fermer au refus la pourpre de ta bouche!... »

On n'entendit plus rien, et les feux abrégés
Dans les lampes d'airain moururent négligés.

## II.

Quand le soleil levant embrasa la campagne
Et les verts oliviers de la sainte montagne,
A cette heure paisible où les chameaux poudreux
Apportent du désert leur tribut aux Hébreux;
Tandis que de sa tente ouvrant la blanche toile,
Le pasteur qui de l'aube a vu pâlir l'étoile
Appelle sa famille au lever solennel,
Et salue, en ses chants, le jour et l'Éternel;

Le séducteur, content du succès de son crime,
Fuit l'ennui des plaisirs et sa jeune victime.
Seule, elle reste assise, et son front sans couleur
Du remords qui s'approche a déjà la pâleur;
Elle veut retenir cette nuit, sa complice,
Et la première aurore et son premier supplice:
Elle vit tout ensemble et la faute et le lieu,
S'étonna d'elle-même et douta de son Dieu.
Elle joignit les mains, immobile et muette,
Ses yeux toujours fixés sur la porte secrète;
Et semblable à la mort, seulement quelques pleurs
Montraient encor sa vie en montrant ses douleurs.
Telle Sodome a vu cette femme imprudente
Frappée au jour où Dieu versa la pluie ardente,
Et brûlant d'un seul feu deux peuples détestés,
Éteignit leurs palais dans des flots empestés:

Elle voulut, bravant la céleste défense,
Voir une fois encor les lieux de son enfance,
Où peut-être, écoutant un cœur ambitieux,
Surprendre d'un regard le grand secret des cieux;
Mais son pied tout-à-coup, à la fuite inhabile,
Se fixe; elle pâlit sous un sel immobile,
Et le juste vieillard, en marchant vers Ségor,
N'entendit plus ses pas qu'il écoutait encor.

*

Tel est le front glacé de la Juive infidèle.
Mais quel est cet enfant qui paraît auprès d'elle?
Il voit des pleurs, il pleure; et, d'un geste incertain,
Demande, comme hier, le baiser du matin.

Sur ses pieds chancelans il s'avance, et timide
De sa mère ose enfin presser la joue humide :
Qu'un baiser serait doux ! elle veut l'essayer ;
Mais l'époux, dans le fils, la revient effrayer,
Devant ce lit, ces murs et ces voûtes sacrées,
Du secret conjugal encore pénétrées,
Où vient de retentir un amour criminel.
Hélas ! elle rougit de l'amour maternel,
Et tremble de poser, dans cette chambre austère,
Sur une bouche pure, une lèvre adultère.
Elle voulut parler, mais les sons de sa voix,
Sourds et demi-formés, moururent à la fois,
Et sa parole éteinte et vaine fut suivie
D'un soupir qui sembla le dernier de sa vie.
Elle repousse alors son enfant étonné ;
Tant la honte a rempli son cœur désordonné !

Elle entr'ouvre le seuil, mais là, tombe abattue,
Telle que de sa base une blanche statue.

## III.

Ce jour-là son époux, en se réjouissant,
Revenait du désert. Le lin éblouissant
Recouvrait des fardeaux, fruits de son opulence;
Guidés nonchalamment par le fer d'une lance,
Fléchissaient, sous ces dons, et l'onagre rayé,
Et l'indolent chameau, par son guide effrayé;
Et douze serviteurs, suivant l'étroite voie,
Courbaient leurs fronts brûlés sous la pourpre et la soie;

Et le maître disait : Maintenant Séphora
Cherche dans l'horizon si l'époux reviendra ;
Elle pleure, elle dit : « Il est bien loin encore !
» Des feux du jour pourtant le désert se colore ;
» Et son amour peut-être invente mon trépas ! »
Mais elle va courir au-devant de mes pas ;
Et je dirai : « Tenez, livrez-vous à la joie !
» Ces présens sont pour vous, et la pourpre et la soie,
» Et le moelleux tapis, et l'ambre précieux,
» Et l'acier des miroirs que souhaitaient vos yeux. »
Voilà ce qu'il disait, et de Sion la sainte
Traversait à grands pas la tortueuse enceinte.

## IV.

Tout Juda cependant aux fêtes introduit,
Vers le temple, en courant, se pressait à grand bruit:
Les vieillards, les enfans, les femmes affligées,
Dans les longs repentirs et les larmes plongées,
Et celles que frappait un mal secret et lent,
Et l'aveugle aux longs cris, et le boiteux tremblant,
Et le lépreux impur, le dégoût de la terre,
Tous, de leurs maux guéris racontant le mystère,
Aux pieds de leur Sauveur l'adoraient prosternés.
Lui, né dans les douleurs, roi des infortunés,

D'une féconde main prodiguait les miracles,
Et de sa voix sortait une source d'oracles:
De la vie avec l'homme il partageait l'ennui,
Venait trouver le pauvre et s'égalait à lui.
Quelques hommes formés à sa divine école,
Nés simples et grossiers, mais forts de sa parole,
Le suivaient lentement, et son front sérieux
Portait les feux divins en bandeau glorieux.

*

Par ses cheveux épars une femme entraînée,
Qu'entoure avec clameurs la foule déchaînée,
Paraît : ses yeux brûlans au ciel sont dirigés,
Ses yeux, car de longs fers ses bras nus sont chargés.

Devant le Fils de l'Homme on l'amène en tumulte;
Puis, provoquant l'erreur et méditant l'insulte,
Les Scribes assemblés s'avancent, et l'un d'eux:
«Maître, dit-il, jugez de ce péché hideux;
» Cette femme adultère est coupable et surprise:
» Que doit faire Israël de la loi de Moïse?»
Et l'épouse infidèle attendait, et ses yeux
Semblaient chercher encor quelqu'autre dans ces lieux;
Et, la pierre à la main, la foule sanguinaire
S'appelait, la montrait: «C'est la femme adultère!
» Lapidez-la: déjà le séducteur est mort!»
Et la femme pleura. — Mais le juge d'abord:
« Qu'un homme d'entre vous, dit-il, jette une pierre
» S'il se croit sans péché, qu'il jette la première.»
Il dit, et s'écartant des mobiles Hébreux,
Apaisés par ces mots et déjà moins nombreux.

Son doigt mystérieux, sur l'arène légère,
Écrivait une langue aux hommes étrangère,
En caractères saints dans le ciel retracés...
Quand il se releva, tous s'étaient dispersés.

❀

Écrit en 1819.

❀

# LE BAIN.

## FRAGMENT D'UN POEME

### DE SUZANNE.

## Le Bain.

. . . . . . . . . . . . . . . . . . . . . .

. . . . . . . . . . . . . . . . . . . . . .

C'était près d'une source à l'onde pure et sombre.

Le large sycomore y répandait son ombre :

Là, Suzanne, cachée aux cieux déjà brûlans,
Suspend sa rêverie et ses pas indolens;
Sur une jeune enfant, que son amour protége,
S'appuie, et sa voix douce appelle le cortége
Des filles de Juda, de Gad et de Ruben,
Qui doivent la servir et la descendre au bain;
Et toutes à l'envi, rivales attentives,
Détachent sa parure entre leurs mains actives.
L'une ôte la tiare où brille le saphir
Dans l'éclat arrondi de l'or poli d'Ophir;
Aux cheveux parfumés dérobe leurs longs voiles,
Et la gaze brodée en tremblantes étoiles;
La perle, sur son front enlacée en bandeau,
Ou pendante à l'oreille en mobile fardeau;
Les colliers de rubis, et, par des bandelettes,
L'ambre au cou suspendu dans l'or des cassolettes.

L'autre fait succéder les tapis préparés
Aux cothurnes étroits dont ses pieds sont parés;
Et, puisant l'eau du bain, d'avance elle en arrose
Leurs doigts encore empreints de santal et de rose.
Puis, tandis que Suzanne enlève lentement
Les anneaux de ses mains, son plus cher ornement,
Libres des nœuds dorés dont sa poitrine est ceinte,
Dégagés des lacets, le manteau d'Hyacinthe,
Et le lin pur et blanc comme la fleur de lis,
Jusqu'à ses chastes pieds laissent couler leurs plis.
Qu'elle fut belle alors! Une rougeur errante
Anima de son teint la blancheur transparente;
Car, sous l'arbre où du jour vient s'éteindre l'ardeur,
Un œil accoutumé blesse encor sa pudeur;
Mais, soutenue enfin par une esclave noire,
Dans un cristal liquide on croirait que l'ivoire

Se plonge, quand son corps, sous l'eau même éclairé,
Du ruisseau pur et frais touche le fond doré.

# Antiquité homérique.

❀

4

A M. Soumet,

AUTEUR DE CLYTEMNESTRE ET DE SAÜL.

# LE SOMNAMBULE.

## POEME.

Ὅραδὲ πληγὰς τάσδε, καρδίας σέθεν,
Εὕδουσα γὰρ φρὴν ὄμμασιν λαμπρύνεται,
Ἐν ἡμέραδὲ μοῖρ' ἀπρόσκοπος βρότων.

Αἰσχύλος.

Voyez, en esprit, ces blessures : l'esprit, quand on dort, a des yeux, et quand on veille il est aveugle.

ESCHYLE.

## Le Somnambule.

*

« Déjà, mon jeune époux? Quoi! l'aube paraît-elle?
Non, la lumière, au fond de l'albâtre, étincelle
Blanche et pure, et suspend son jour mystérieux;
La nuit règne profonde et noire dans les cieux.

Vois, la clepsydre encor n'a pas versé trois heures;
Dors près de ta Néra, sous nos chastes demeures;
Viens, dors près de mon sein. » Mais lui, furtif et lent,
Descend du lit d'ivoire et d'or étincelant.
Il va, d'un pied prudent, chercher la lampe errante,
Dont il garde les feux dans sa main transparente,
Son corps blanc est sans voile, il marche pas à pas,
L'œil ouvert immobile en murmurant tout bas:

« — Je la vois la parjure... ; interrompez vos fêtes,
Aux Mânes un autel..., des cyprès sur vos têtes...
Ouvrez, ouvrez la tombe... Allons... Qui descendra? »
Cependant à genoux et tremblante, Néra,

Ses blonds cheveux épars, se traîne. « — Arrête, écoute;
Arrête, ami; les Dieux te poursuivent, sans doute;
Au nom de la pitié tourne tes yeux sur moi :
Vois, c'est moi, ton épouse en larmes devant toi;
Mais tu fuis; par tes cris ma voix est étouffée!
Phœbé, pardonne-lui; pardonne-lui, Morphée. »

« — J'irai..., je frapperai..., le glaive est dans ma main;
Tous les deux... Pollion... c'est un jeune Romain...
Il ne résiste pas. Dieux! qu'il est faible encore!
D'un blond duvet sa joue à peine se décore,
L'amour a couronné ce luxe éblouissant...
Écartez ce manteau, je ne vois pas le sang. »

Mais elle : « O mon amant! compagnon de ma vie!
Des foyers maternels si ton char m'a ravie
Tremblante, mais complice, et si nos vœux sacrés
Ont fait luire à l'Hymen des feux prématurés,
Par cette sainte amour nouvellement jurée,
Par l'antique Vesta, par l'immortelle Rhée
Dont j'embrasse l'autel, jamais nulle autre ardeur
De mes pieux sermens n'altéra la candeur;
Non, jamais Pénélope à l'aiguille pudique,
Plus chaste n'a vécu sous la foi domestique.
Pollion, quel est-il? » — « Je tiens tes longs cheveux...
Je dédaigne tes pleurs et tes tardifs aveux,
Corinne, tu mourras... » — « Ce n'est pas moi! ma mère,
Il ne m'a point aimée! ô ta sainte colère

A, comme un Dieu vengeur, poursuivi nos amours!
Que n'ai-je cru ma mère, et ses prudens discours!
Je ne détourne plus ta sacrilége épée;
Tiens, frappe, j'ai vécu, puisque tu m'as trompée.
... Ah, cruel!... mon sang coule... Ah! reçois mes adieux;
Puisses-tu ne jamais t'éveiller! » — « Justes Dieux! »

Écrit en 1819.

# LA DRYADE.

## IDYLLE

DANS LE GOUT DE THÉOCRITE

Πρῶτον μὲν ὀυχῆ τῇδε πρεσβεύω θεων
Τὴν πρωτόμαντιν Γαῖαν....
Σέβω δὲ Νύμφας....

Αἰσχύλος.

Honorons d'abord la terre, qui, la première entre les Dieux, rendit ici ses oracles....

J'adore aussi les nymphes.

ESCHYLE.

## La Dryade.

*

Vois-tu ce vieux tronc d'arbre aux immenses racines?

Jadis il s'anima de paroles divines;

Mais par les noirs hivers le chêne fut vaincu,

Et la Dryade aussi, comme l'arbre, a vécu :

(Car, tu le sais, berger, ces Déesses fragiles,
Envieuses des jeux et des danses agiles,
Sous l'écorce d'un bois où les fixa le sort,
Reçoivent avec lui la naissance et la mort.)
Celle dont la présence enflamma ces bocages,
Répondait aux pasteurs du sein des verts feuillages,
Et, par des bruits secrets, mélodieux et sourds,
Donnait le prix du chant, ou jugeait les amours.
Bathylle aux blonds cheveux, Ménalque aux noires tresses
Un jour lui racontaient leurs rivales tendresses.
L'un parait son front blanc de myrte et de lotus;
L'autre, ses cheveux bruns de pampres revêtus,
Offrait à là Dryade une coupe d'argile;
Et les roseaux chantans enchaînés par Bathylle,
Ainsi que le Dieu Pan l'enseignait aux mortels,
S'agitaient, suspendus aux verdoyans autels.

J'entendis leur prière, et de leur simple histoire
Les Muses et le temps m'ont laissé la mémoire.

MÉNALQUE.

O Déesse propice ! Écoute, écoute-moi !
Les Faunes, les Sylvains dansent autour de toi,
Quand Bacchus a reçu leur bruyant sacrifice ;
Ombrage mes amours, ô Déesse propice !

BATHYLLE.

Dryade du vieux chêne, écoute mes aveux !
Les vierges, le matin, dénouant leurs cheveux,

Quand du brûlant amour la saison est prochaine,
T'adorent; je t'adore, ô Dryade du chêne!

MÉNALQUE.

Que Liber protecteur, père des longs festins,
Entoure de ses dons tes champêtres destins,
Et qu'en écharpe d'or la vigne tortueuse
Serpente autour de toi, fraîche et voluptueuse.

BATHYLLE.

Que Vénus te protège et t'épargne ses maux,
Qu'elle anime, au printemps, tes superbes rameaux;

Et si de quelque amour, pour nous mystérieuse,
Le charme te liait à quelque jeune yeuse,
Que ses bras délicats et ses feuillages verts
A tes bras amoureux se mêlent dans les airs.

MÉNALQUE.

Ida! j'adore Ida, la légère bacchante :
Ses cheveux noirs, mêlés de grappes et d'acanthe,
Sur le tigre, attaché par une griffe d'or,
Roulent abandonnés; sa bouche rit encor
En chantant Évoë; sa démarche chancelle;
Ses pieds nus, ses genoux que la robe décèle,
S'élancent, et son œil, de feux étincelant,
Brille comme Phébus sous le signe brûlant.

BATHYLLE.

C'est toi que je préfère, ô toi, vierge nouvelle
Que l'heure du matin à nos désirs révèle!
Quand la lune au front pur, reine des nuits d'été,
Verse au gazon bleuâtre un regard argenté,
Elle est moins belle encor que ta paupière blonde,
Qu'un rayon chaste et doux sous son long voile inonde

MÉNALQUE.

Si le fier léopard, que les jeunes Sylvains
Attachent rugissant au char du Dieu des vins,

Voit amener au loin l'inquiète tigresse
Que les Faunes, troublés par la joyeuse ivresse,
N'ont pas su dérober à ses regards brûlans,
Il s'arrête, il s'agite, et de ses cris roulans
Les bois sont ébranlés; de sa gueule béante,
L'écume coule en flots sur une langue ardente;
Furieux, il bondit, il brise ses liens,
Et le collier d'ivoire et les jougs phrygiens:
Il part, et, dans les champs qu'écrasent ses caresses,
Prodigue à ses amours de fougueuses tendresses.
Ainsi, quand tu descends des cimes de nos bois,
Ida! lorsque j'entends ta voix, ta jeune voix
Annoncer par des chants la fête bacchanale,
Je laisse les troupeaux, la bêche matinale,
Et la vigne et la gerbe où mes jours sont liés:
Je pars, je cours, je tombe et je brûle à tes pieds.

## BATHYLLE.

Quand la vive hirondelle est enfin réveillée,
Elle sort de l'étang, encor toute mouillée,
Et, se montrant au jour avec un cri joyeux,
Au charme d'un beau ciel, craintive, ouvre les yeux ;
Puis, sur le pâle saule, avec lenteur voltige,
Interroge avec soin le bouton et la tige ;
Et sûre du printemps, alors, et de l'amour,
Par des cris triomphans célèbre leur retour.
Elle chante sa joie aux rochers, aux campagnes,
Et, du fond des roseaux excitant ses compagnes :
Venez ! dit-elle ; allons ! paraissez, il est temps !
Car voici la chaleur, et voici le printemps.

Ainsi, quand je te vois, ô modeste bergère !
Fouler de tes pieds nus la riante fougère,
J'appelle, autour de moi, les pâtres nonchalans
A quitter le gazon, selon mes vœux, trop lents ;
Et crie, en te suivant dans ta course rebelle :
Venez ! ô venez voir comme Glycère est belle !

MÉNALQUE.

Un jour, jour de Bacchus, loin des jeux égaré,
Seule je la surpris au fond du bois sacré :
Le soleil et les vents, dans ces bocages sombres,
Des feuilles sur ses traits faisaient flotter les ombres ;
Lascive, elle dormait sur le thyrse brisé ;
Une molle sueur, sur son front épuisé,

Brillait comme la perle en gouttes transparentes,
Et ses mains, autour d'elle, et sous le lin errantes,
Touchant la coupe vide, et son sein tour à tour,
Redemandaient encore et Bacchus et l'Amour.

## BATHYLLE.

Je vous adjure ici, Nymphes de la Sicile,
Dont les doigts, sous des fleurs, guident l'onde docile;
Vous reçûtes ses dons, alors que sous nos bois,
Rougissante, elle vint pour la première fois.
Ses bras blancs soutenaient sur sa tête inclinée
L'amphore, œuvre divine aux fêtes destinée,
Qu'emplit la molle poire, et le raisin doré,
Et la pêche au duvet de pourpre coloré :

Des pasteurs empressés l'attention jalouse
L'entourait, murmurant le nom sacré d'épouse;
Mais en vain : nul regard ne flatta leur ardeur;
Elle fut toute aux Dieux et toute à la pudeur.

Ici, je vis rouler la coupe aux flancs d'argile;
Le chêne ému tremblait, la flûte de Bathylle
Brilla d'un feu divin; la Dryade un moment,
Joyeuse, fit entendre un doux frémissement,
Doux comme les échos dont la voix incertaine
Murmure la chanson d'une flûte lointaine.

Écrit en 1815.

A Pichald,

AUTEUR DE LÉONIDAS ET DE GUILLAUME TELL.

# SYMÉTHA.

## ELEGIE.

# Symétha.

*

« Navire aux larges flancs, de guirlandes ornés,
Aux Dieux d'ivoire, aux mâts de roses couronnés !
O qu'Éole, du moins, soit facile à tes voiles !
Montrez vos feux amis, fraternelles étoiles !

Jusqu'au port de Lesbos guidez le nautonier,
Et de mes vœux pour elle exaucez le dernier :
Je vais mourir, hélas ! Symétha s'est fiée
Aux flots profonds ; l'Attique est par elle oubliée.
Insensée ! elle fuit nos bords mélodieux,
Et les bois odorans, berceaux des demi-dieux,
Et les chœurs cadencés dans les molles prairies,
Et, sous les marbres frais, les saintes Théories.
Nous ne la verrons plus, au pied du Parthénon,
Invoquer Athénée, en répétant son nom ;
Et, d'une main timide, à nos rites fidèle,
Ses longs cheveux dorés couronnés d'asphodèle,
Consacrer ou le voile, ou le vase d'argent,
Ou la pourpre attachée au fuseau diligent.
O vierge de Lesbos ! que ton île abhorrée
S'engloutisse dans l'onde à jamais ignorée,

Avant que ton navire ait pu toucher ses bords!
Qu'y vas-tu faire? hélas! quel palais, quels trésors
Te vaudront notre amour! Vierge, qu'y vas-tu faire?
N'es-tu pas Lesbienne, à Lesbos étrangère?
Athène a vu long-temps s'accroître ta beauté ;
Et depuis que trois fois t'éclaira son été,
Ton front s'est élevé jusqu'au front de ta mère ;
Ici, loin des chagrins de ton enfance amère,
Les Muses t'ont souri. Les doux chants de ta voix
Sont nés athéniens ; c'est ici, sous nos bois,
Que l'amour t'enseigna le joug que tu m'imposes ;
Pour toi, mon seuil joyeux s'est revêtu de roses.

» Tu pars ; et cependant m'as-tu toujours haï,
Symétha? Non, ton cœur quelquefois s'est trahi ;
Car, lorsqu'un mot flatteur abordait ton oreille,
La pudeur souriait sur ta lèvre vermeille :
Je l'ai vu ton sourire aussi beau que le jour ;
Et l'heure du sourire est l'heure de l'amour.
Mais le flot sur le flot en mugissant s'élève,
Et voile à ma douleur le vaisseau qui t'enlève.
C'en est fait, et mes pieds déjà sont chez les morts ;
Va, que Vénus, du moins, t'épargne les remords :
Lie un nouvel hymen ! va ; pour moi, je succombe ;
Un jour, d'un pied ingrat, tu fouleras ma tombe,
Si le destin vengeur te ramène en ces lieux,
Ornés du monument de tes cruels adieux. »

—Dans le port de Pyrée, un jour, fut entendue
Cette plainte innocente, et cependant perdue;
Car la vierge enfantine, auprès des matelots,
Admirait, et la rame, et l'écume des flots;
Puis, sur la haute poupe accourue et couchée,
Saluait, dans la mer, son image penchée,
Et lui jetait des fleurs et des rameaux flottans,
Et riait de leur chute et les suivait long-temps;
Ou, tout-à-coup rêveuse, écoutait le Zéphyre,
Qui, d'une aile invisible, avait ému sa lyre.

Écrit en 1815.

# LE BAIN

## D'UNE DAME ROMAINE.

### FRAGMENT

### D'UN POEME.

❀

6

## Le Bain d'une Dame romaine.

*

. . . . . . . . . . . . . . . . . . . . .

Une Esclave d'Égypte, au teint luisant et noir,
Lui présente, à genoux, l'acier pur du miroir;
Pour nouer ses cheveux, une Vierge de Grèce
Dans le compas d'Isis unit leur double tresse;
Sa tunique est livrée aux Femmes de Milet,
Et ses pieds sont lavés dans un vase de lait.

Dans l'ovale d'un marbre aux veines purpurines
L'eau rose la reçoit, puis les Filles latines,
Sur ses bras indolens versant de doux parfums,
Voilent d'un jour trop vif les rayons importuns,
Et sous les plis épais de la pourpre onctueuse
La lumière descend molle et voluptueuse:
Quelques unes, brisant des couronnes de fleurs,
D'une hâtive main dispersent leurs couleurs,
Et, les jetant en pluie aux eaux de la fontaine,
De débris embaumés couvrent leur souveraine,
Qui, de ses doigts distraits touchant la lyre d'or,
Pense au jeune Consul, et, rêveuse, s'endort.

Le 20 mai 1817.

A M. Emile Deschamps.

# LE DÉLUGE.

## MYSTERE.

Sera-t-il dit que vous fassiez mourir le juste avec le méchant ?

GENÈSE.

# Le Déluge.

*

## I.

La Terre était riante et dans sa fleur première ;

Le jour avait encor cette même lumière

Qui du Ciel embelli couronna les hauteurs
Quand Dieu la fit tomber de ses doigts créateurs.
Rien n'avait dans sa forme altéré la nature,
Et des monts réguliers l'immense architecture
S'élevait jusqu'aux Cieux par ses degrés égaux,
Sans que rien de leur chaîne eût brisé les anneaux.
La forêt, plus féconde, ombrageait, sous ses dômes,
Des plaines et des fleurs les gracieux royaumes,
Et des fleuves aux mers le cours était réglé
Dans un ordre parfait qui n'était pas troublé.
Jamais un voyageur n'aurait, sous le feuillage,
Rencontré, loin des flots, l'émail du coquillage,
Et la perle habitait son palais de cristal:
Chaque trésor restait dans l'élément natal,
Sans enfreindre jamais la céleste défense;
Et la beauté du Monde attestait son enfance;

Tout suivait sa loi douce et son premier penchant,
Tout était pur encor. Mais l'homme était méchant.

*

Les peuples déjà vieux, les races déjà mûres,
Avaient vu jusqu'au fond des sciences obscures;
Les mortels savaient tout, et tout les affligeait;
Le prince était sans joie ainsi que le sujet;
Trente religions avaient eu leurs prophètes,
Leurs martyrs, leurs combats, leurs gloires, leurs défaites,
Leur temps d'indifférence et leur siècle d'oubli;
Chaque peuple à son tour, dans l'ombre enseveli,
Chantait languissamment ses grandeurs effacées:
La mort régnait déjà dans les âmes glacées.

Même plus haut que l'homme atteignaient ses malheurs;
D'autres êtres cherchaient ses plaisirs et ses pleurs.
Souvent, fruit inconnu d'un orgueilleux mélange,
Au sein d'une mortelle on vit le fils de l'Ange[1].
Le crime universel s'élevait jusqu'aux Cieux.
Dieu s'attrista lui-même et détourna les yeux.

*

Et cependant, un jour, au sommet solitaire
Du mont sacré d'Arar, le plus haut de la Terre,

[1] Les enfans de Dieu voyant que les filles des hommes étaient belles, prirent pour femmes celles qui leur avaient plu.

*Gen.*, ch. VI, v. 2.

Apparut une vierge et près d'elle un pasteur:
Tous deux nés dans les champs, loin d'un peuple imposteur,
Leur langage était doux, leurs mains étaient unies
Comme au jour fortuné des unions bénies;
Ils semblaient, en passant sur ces monts inconnus,
Retourner vers le Ciel dont ils étaient venus;
Et, sans l'air de douleur, signe que Dieu nous laisse,
Rien n'eût de leur nature indiqué la faiblesse,
Tant les traits primitifs et leur simple beauté
Avaient sur leur visage empreint de majesté.

*

Quand du mont orageux ils touchèrent la cime,
La campagne à leurs pieds s'ouvrit comme un abîme.

C'était l'heure où la nuit laisse le ciel au jour :
Les constellations pâlissaient tour à tour ;
Et, jetant à la Terre un regard triste encore,
Couraient vers l'Orient se perdre dans l'aurore,
Comme si pour toujours elles quittaient les yeux
Qui lisaient leur destin sur elles dans les Cieux.
Le Soleil, dévoilant sa figure agrandie,
S'éleva sur les bois comme un vaste incendie ;
Et la Terre aussitôt, s'agitant longuement,
Salua son retour par un gémissement.
Réunis sur les monts, d'immobiles nuages
Semblaient y préparer l'arsenal des orages ;
Et sur leurs fronts noircis qui partageaient les Cieux
Luisait incessamment l'éclair silencieux.
Tous les oiseaux, poussés par quelque instinct funeste,
S'unissaient dans leur vol en un cercle céleste ;

Comme des exilés qui se plaignent entre eux,
Ils poussaient dans les airs de longs cris douloureux.

La Terre cependant montrait ses lignes sombres
Au jour pâle et sanglant qui faisait fuir les ombres;
Mais si l'homme y passait, on ne pouvait le voir:
Chaque cité semblait comme un point vague et noir,
Tant le mont s'élevait à des hauteurs immenses!
Et des fleuves lointains les faibles apparences
Ressemblaient au dessin par le vent effacé
Que le doigt d'un enfant sur le sable a tracé.

Ce fut là que deux voix, dans le désert perdues,
Dans les hauteurs de l'air avec peine entendues,
Osèrent un moment prononcer tour à tour
Ce dernier entretien d'innocence et d'amour :

« — Comme la Terre est belle en sa rondeur immense !
La vois-tu qui s'étend jusqu'où le Ciel commence ?
La vois-tu s'embellir de toutes ses couleurs ?
Respire un jour encor le parfum de ses fleurs,
Que le vent matinal apporte à nos montagnes.
On dirait aujourd'hui que les vastes campagnes

Élèvent leur encens, étalent leur beauté,
Pour toucher, s'il se peut, le Seigneur irrité.

» Mais les vapeurs du Ciel, comme de noirs fantômes,
Amènent tous ces bruits, ces lugubres symptômes
Qui devaient, sans manquer au moment attendu,
Annoncer l'agonie à l'Univers perdu.
Viens, tandis que l'horreur partout nous environne,
Et qu'une vaste nuit lentement nous couronne,
Viens, ô ma bien-aimée! et fermant tes beaux yeux,
Qu'épouvante l'aspect du désordre des Cieux,
Sur mon sein, sous mes bras repose encor ta tête,
Comme l'oiseau qui dort au sein de la tempête;

Je te dirai l'instant où le Ciel sourira,
Et durant le péril ma voix te parlera. »

La vierge sur son cœur pencha sa tête blonde.
Un bruit régnait au loin, pareil au bruit de l'onde:
Mais tout était paisible et tout dormait dans l'air;
Rien ne semblait vivant, rien, excepté l'éclair.

*

Le pasteur poursuivit d'une voix solennelle:
« Adieu, Monde sans borne, ô Terre maternelle!

Formes de l'horizon, ombrages des forêts,
Antres de la montagne, embaumés et secrets;
Gazons verts, belles fleurs de l'Oasis chérie,
Arbres, rochers connus, aspects de la patrie!
Adieu! Tout va finir, tout doit être effacé,
Le temps qu'a reçu l'homme est aujourd'hui passé,
Demain rien ne sera. Ce n'est point par l'épée,
Postérité d'Adam, que tu seras frappée,
Ni par les maux du corps ou les chagrins du cœur;
Non, c'est un élément qui sera ton vainqueur.
Ta Terre va mourir sous des eaux éternelles,
Et l'Ange en la cherchant fatiguera ses ailes.
Toujours succèdera dans l'univers sans bruits,
Au silence des jours le silence des nuits.
L'inutile Soleil, si le matin l'amène,
N'entendra plus la voix et la parole humaine;

Et quand sur un flot mort sa flamme aura relui,
Le stérile rayon remontera vers lui.
O pourquoi de mes yeux a-t-on levé les voiles?
Comment ai-je connu le secret des étoiles?
Science du désert, annales des pasteurs!
Cette nuit, parcourant vos divines hauteurs
Dont l'Égypte et Dieu seul connaissent le mystère,
Je cherchais dans le Ciel l'avenir de la Terre;
Ma houlette savante, orgueil de nos bergers,
Traçait l'ordre éternel sur les sables légers,
Comparant, pour fixer l'heure où l'étoile passe,
Les cailloux de la plaine aux lueurs de l'espace.

» Mais un Ange a paru dans la nuit sans sommeil :
Il avait de son front quitté l'éclat vermeil,
Il pleurait, et disait dans sa douleur amère :
« Que n'ai-je pu mourir lorsque mourut ta mère !
» J'ai failli, je l'aimais, Dieu punit cet amour,
» Elle fut enlevée en te laissant au jour ;
» Le nom d'Emmanuel, que la Terre te donne,
» C'est mon nom. J'ai prié pour que Dieu te pardonne ;
» Va seul au mont Arar, prends ses rocs pour autels,
» Prie, et seul, sans songer au destin des mortels,
» Tiens toujours tes regards plus haut que sur la Terre ;
» La mort de l'innocence est pour l'homme un mystère,
» Ne t'en étonne pas, n'y porte pas tes yeux ;
» La pitié du mortel n'est point celle des Cieux.

» Dieu ne fait point de pacte avec la race humaine;
» Qui créa sans amour fera périr sans haine;
» Sois seul, si Dieu m'entend, je viens. » Il m'a quitté,
Avec combien de pleurs, hélas! l'ai-je écouté!
J'ai monté sur l'Arar, mais avec une femme. »

Sara lui dit : « Ton âme est semblable à mon âme,
Car un mortel m'a dit : « Venez sur Gelboë,
» Je me nomme Japhet et mon père est Noë.
» Devenez mon épouse et vous serez sa fille;
» Tout va périr demain, si ce n'est ma famille. »
Et moi je l'ai quitté sans avoir répondu,
De peur qu'Emmanuel n'eût long-temps attendu. »

Puis tous deux embrassés, ils se dirent ensemble :
« Ah ! louons l'Éternel, il punit, mais rassemble ! »
Le tonnerre grondait ; et tous deux à genoux
S'écrièrent alors : « O Seigneur ! jugez-nous. »

## II.

Tous les vents mugissaient, les montagnes tremblèrent,
Des fleuves arrêtés les vagues reculèrent,
Et du sombre horizon dépassant la hauteur,
Des vengeances de Dieu l'immense exécuteur,

L'Océan apparut. Bouillonnant et superbe,
Entraînant les forêts comme le sable et l'herbe,
De la plaine inondée envahissant le fond,
Il se couche en vainqueur dans le désert profond,
Apportant avec lui comme de grands trophées
Les débris inconnus des villes étouffées,
Et là, bientôt plus calme en son accroissement,
Semble, dans ses travaux, s'arrêter un moment,
Et se plaire à mêler, à briser sur son onde
Les membres arrachés au cadavre du Monde.

*

Ce fut alors qu'on vit des hôtes inconnus
Sur des bords étrangers tout-à-coup survenus;

Le cèdre jusqu'au Nord vint écraser le saule;
Les ours noyés, flottans sur les glaçons du pôle,
Heurtèrent l'éléphant près du Nil endormi;
Et le monstre, que l'eau soulevait à demi,
S'étonna d'écraser, dans sa lutte contre elle,
Une vague où nageaient le tigre et la gazelle.
En vain des larges flots repoussant les premiers,
Sa trompe tournoyante arracha les palmiers;
Il fut roulé comme eux dans les plaines torrides,
Regrettant ses roseaux et ses sables arides,
Et de ses hauts bambous le lit flexible et vert,
Et jusqu'au vent de flamme exilé du désert.

Dans l'effroi général de toute créature,
La plus féroce même oubliait sa nature;
Les animaux n'osaient ni ramper ni courir,
Chacun d'eux résigné se coucha pour mourir.
En vain, fuyant aux Cieux l'eau sur ses rocs venue,
L'aigle tomba des airs, repoussé par la nue.
Le péril confondit tous les êtres tremblans.
L'homme seul se livrait à des projets sanglans.
Quelques rares vaisseaux qui se faisaient la guerre,
Se disputaient long-temps les restes de la Terre,
Mais pendant leurs combats, les flots non ralentis
Effaçaient à leurs yeux ces restes engloutis.
Alors un ennemi plus terrible que l'onde
Vint achever partout la défaite du Monde;

La faim de tous les cœurs chassa les passions:
Les malheureux, vivans après leurs nations,
N'avaient qu'une pensée, effroyable torture,
L'approche de la mort, la mort sans sépulture.
On vit sur un esquif, de mers en mers jeté,
L'œil affamé du fort sur le faible arrêté;
Des femmes, à grands cris insultant la nature,
Y réclamaient du sort leur humaine pâture;
L'athée, épouvanté de voir Dieu triomphant,
Puisait un jour de vie aux veines d'un enfant;
Des derniers réprouvés telle fut l'agonie.
L'amour survivait seul à la bonté bannie;
Ceux qu'unissaient entre eux des sermens mutuels
Et que persécutait la haine des mortels,
S'offraient d'eux-même à l'onde avec un front tranquille,
Et contre leurs douleurs trouvaient un même asile.

*

Mais sur le mont Arar, encor loin du trépas,
Pour sauver ses enfans l'Ange ne venait pas;
En vain le cherchaient-ils, les vents et les orages
N'apportaient sur leurs fronts que de sombres nuages.

*

Cependant sous les flots montés également,
Tout avait par degrés disparu lentement,
Les cités n'étaient plus; rien ne vivait, et l'onde
Ne donnait qu'un aspect à la face du monde.

Seulement quelquefois sur l'élément profond
Un palais englouti montrait l'or de son front;
Quelques dômes, pareils à de magiques îles,
Restaient pour attester la splendeur de leurs villes.
Là, parurent encore un moment deux mortels,
L'un la honte d'un trône et l'autre des autels:
L'un se tenant aux bras de sa propre statue,
L'autre au temple élevé d'une idole abattue.
Tous deux jusqu'à la mort s'accusèrent en vain
De l'avoir attirée avec le flot divin.
Plus loin, et contemplant la solitude humide,
Mourait un autre roi, seul sur sa pyramide.
Dans l'immense tombeau, s'était d'abord sauvé
Tout son peuple ouvrier qui l'avait élevé;
Mais la mer implacable, en fouillant dans les tombes,
Avait tout arraché du fond des catacombes,

Les mourans et leurs Dieux, les spectres immortels,
Et la race embaumée et le Sphinx des autels,
Et ce roi fut jeté sur les sombres momies
Qui dans leurs lits flottans se heurtaient endormies.
Expirant, il gémit de voir à son côté
Passer ces demi-dieux sans immortalité,
Dérobés à la mort, mais reconquis par elle
Sous les palais profonds de leur tombe éternelle;
Il eut le temps encor de penser une fois
Que nul ne saurait plus le nom de tant de rois,
Qu'un seul jour désormais comprendrait leur histoire,
Car la postérité mourait avec leur gloire.

*

L'arche de Dieu passa comme un palais errant.
Le voyant assiégé par les flots du courant;
Le dernier des enfans de la famille élue
Lui tendit en secret sa main irrésolue,
Mais d'un dernier effort : « Va-t'en, lui cria-t-il,
De ton lâche salut je refuse l'exil;
Va, sur quelques rochers qu'aura dédaignés l'onde,
Construire tes cités sur le tombeau du monde;
Mon peuple mort est là, sous la mer je suis roi.
Moins coupables que ceux qui descendront de toi,

Pour étonner tes fils sous ces plaines humides,
Mes géans[1] glorieux laissent les pyramides;
Et sur le haut des monts leurs vastes ossemens,
De ces rivaux du Ciel terribles monumens,
Trouvés dans les débris de la Terre inondée,
Viendront humilier ta race dégradée.
Il disait, s'essayant par le geste et la voix
A l'air impérieux des hommes qui sont rois,
Quand roulé sur la pierre et touché par la foudre,
Sur sa tombe immobile il fut réduit en poudre.

[1] Or il y avait des géans sur la terre. Car depuis que les fils de Dieu eurent épousé les filles des hommes, il en sortit des enfans fameux et puissans dans le siècle.

*Gen.*, ch. VI, v. 4.

*

Mais sur le mont Arar l'Ange ne venait pas;
L'eau faisait sur les rocs de gigantesques pas,
Et ses flots rugissant vers le mont solitaire
Apportaient avec eux tous les bruits du tonnerre.

*

Enfin le fléau lent qui frappait les humains
Couvrit le dernier point des œuvres de leurs mains;
Les montagnes, bientôt par l'onde escaladées,
Cachèrent dans son sein leurs têtes inondées.

Le volcan s'éteignit, et le feu périssant
Voulut en vain y rendre un combat impuissant;
A l'élément vainqueur il céda le cratère,
Et sortit en fumant des veines de la Terre.

## III.

Rien ne se voyait plus, pas même des débris;
L'univers écrasé ne jetait plus ses cris..
Quand la mer eut des monts chassé tous les nuages,
On vit se disperser l'épaisseur des orages;
Et les rayons du jour dévoilant leur trésor
Lançaient jusqu'à la mer des jets d'opale et d'or;

La vague était paisible, et molle et cadencée,
En berceaux de cristal mollement balancée;
Les vents, sans résistance, étaient silencieux;
La foudre, sans échos, expirait dans les cieux;
Les cieux devenaient purs, et, réfléchis dans l'onde,
Teignaient d'un azur clair l'immensité profonde.

*

Tout s'était englouti sous les flots triomphans,
Déplorable spectacle! excepté deux enfans.
Sur le sommet d'Arar tous deux étaient encore,
Mais par l'onde et les vents battus depuis l'aurore.
Sous les lambeaux mouillés des tuniques de lin,
La vierge était tombée aux bras de l'orphelin;

Et lui, gardant toujours sa tête évanouie,
Mêlait ses pleurs sur elle aux gouttes de la pluie.
Cependant, lorsqu'enfin le soleil renaissant
Fit tomber un rayon sur son front innocent,
Par la beauté du jour un moment abusée,
Comme un lis abattu, secouant la rosée,
Elle entr'ouvrit les yeux et dit : « Emmanuel !
Avons-nous obtenu la clémence du ciel?
J'aperçois dans l'azur la colombe qui passe,
Elle porte un rameau ; Dieu nous a-t-il fait grâce?
— La colombe est passée et ne vient pas à nous.
— Emmanuel ! la mer a touché mes genoux.
— Dieu nous attend ailleurs à l'abri des tempêtes.
— Vois-tu l'eau sur nos pieds? — Vois le ciel sur nos têtes.
— Ton père ne vient pas, nous serons donc punis?
— Sans doute après la mort nous serons réunis.

— Venez, Ange du ciel, et prêtez-lui vos ailes!
— Recevez-la, mon père, aux voûtes éternelles! »

Ce fut le dernier cri du dernier des humains.
Long-temps sur l'eau croissante élevant ses deux mains,
Il soutenait Sara par les flots poursuivie;
Mais quand il eut perdu sa force avec la vie,
Par le ciel et la mer le monde fut rempli,
Et l'arc-en-ciel brilla, tout étant accompli.

Écrit à Oloron, dans les Pyrénées, en 1823.

# ÉLOA,

OU

# LA SŒUR DES ANGES.

## MYSTERE.

C'est le serpent, dit-elle; je l'ai écouté, et il m'a trompée.

GENÈSE.

# CHANT PREMIER.

❁

## Naissance.

❁

# Eloa.

*

## CHANT PREMIER.

### Naissance.

Il naquit sur la terre un Ange, dans le temps
Où le Médiateur sauvait ses habitans.
Avec sa suite obscure et comme lui bannie,
Jésus avait quitté les murs de Béthanie;

A travers la campagne il fuyait d'un pas lent,
Quelquefois s'arrêtait, priant et consolant,
Assis au bord d'un champ le prenait pour symbole,
Ou du Samaritain disait la parabole,
La brebis égarée, ou le mauvais pasteur,
Ou le sépulcre blanc pareil à l'imposteur;
Et de là poursuivant sa paisible conquête,
De la Chananéenne écoutait la requête,
A la fille sans guide enseignait ses chemins,
Puis aux petits enfans il imposait les mains.
L'aveugle-né voyait, sans pouvoir le comprendre,
Le lépreux et le sourd se toucher et s'entendre,
Et tous lui consacrant des larmes pour adieu,
Ils quittaient le désert où l'on exilait Dieu.
Fils de l'homme et sujet aux maux de la naissance,
Il les commençait tous par le plus grand, l'absence,

Abandonnant sa ville et subissant l'Édit,
Pour accomplir, en tout, ce qu'on avait prédit.

Or, pendant ces temps-là, ses amis en Judée
Voyaient venir leur fin qu'il avait retardée;
Lazare, qu'il aimait et ne visitait plus,
Vint à mourir, ses jours étant tous révolus.
Mais l'amitié de Dieu n'est-elle pas la vie?
Il partit dans la nuit; sa marche était suivie
Par les deux jeunes sœurs du malade expiré,
Chez qui dans ses périls il s'était retiré.
C'était Marthe et Marie; or, Marie était celle
Qui versa les parfums et fit blâmer son zèle.

Tous s'affligeaient ; Jésus disait en vain : Il dort.
Et lui-même en voyant le linceul et le mort,
Il pleura. Larme sainte à l'amitié donnée,
Oh ! vous ne fûtes point aux vents abandonnée !
Des Séraphins penchés l'urne de diamant,
Invisible aux mortels, vous reçut mollement,
Et comme une merveille, au Ciel même étonnante,
Aux pieds de l'Éternel vous porta rayonnante.
De l'œil toujours ouvert un regard complaisant
Émut et fit briller l'ineffable présent ;
Et l'Esprit-Saint sur elle épanchant sa puissance,
Donna l'âme et la vie à la divine essence.
Comme l'encens qui brûle aux rayons du soleil
Se change en un feu pur, éclatant et vermeil,
On vit alors du sein de l'urne éblouissante,
S'élever une forme et blanche et grandissante,

Une voix s'entendit qui disait : Éloa !
Et l'Ange apparaissant répondit : Me voilà.

*

Toute parée, aux yeux du Ciel qui la contemple,
Elle marche vers Dieu comme une épouse au Temple.
Son beau front est serein et pur comme un beau lis,
Et d'un voile d'azur il soulève les plis ;
Ses cheveux partagés comme des gerbes blondes,
Dans les vapeurs de l'air perdent leurs molles ondes,
Comme on voit la Comète errante dans les cieux
Fondre au sein de la nuit ses rayons gracieux ;
Une rose aux lueurs de l'aube matinale
N'a pas de son teint frais la rougeur virginale ;

Et la lune, des bois éclairant l'épaisseur,
D'un de ses doux regards n'atteint pas la douceur.
Ses ailes sont d'argent; sous une pâle robe,
Son pied blanc tour à tour se montre et se dérobe,
Et son sein agité, mais à peine aperçu,
Soulève les contours du céleste tissu.
C'est une femme aussi, c'est une Ange charmante;
Car ce peuple d'Esprits, cette famille aimante,
Qui, pour nous, près de nous, prie et veille toujours,
Unit sa pure essence en de saintes amours:
L'Archange Raphaël, lorsqu'il vint sur la Terre,
Sous le berceau d'Éden conta ce doux mystère.
Mais nulle de ces sœurs que Dieu créa pour eux
N'apporta plus de joie au ciel des Bienheureux.

*

Les Chérubins brûlans qu'enveloppent six ailes,
Les tendres Séraphins, Dieux des amours fidèles,
Les Trônes, les Vertus, les Princes, les Ardeurs,
Les Dominations, les Gardiens, les Splendeurs,
Et les Rêves pieux, et les saintes Louanges,
Et tous les Anges purs, et tous les grands Archanges,
Et tout ce que le Ciel renferme d'habitans,
Tous, de leurs ailes d'or voilés en même temps,
Abaissèrent leurs fronts jusqu'à ses pieds de neige,
Et les Vierges ses sœurs s'unissent en cortège,
Comme autour de la Lune on voit les feux du soir,
Se tenant par la main coururent pour la voir.

Des harpes d'or pendaient à leur chaste ceinture ;
Et des fleurs qu'au Ciel seul fit germer la nature,
Des fleurs qu'on ne voit pas dans l'Été des humains,
Comme une large pluie abondaient sous leurs mains.

*

« Heureux, chantaient alors des voix incomparables,
» Heureux le monde offert à ses pas secourables !
» Quand elle aura passé parmi les malheureux,
» L'esprit consolateur se répandra sur eux.
» Quel globe attend ses pas ? Quel siècle la demande ?
» Naîtra-t-il d'autres Cieux afin qu'elle y commande ?

*

Un jour... (Comment oser nommer du nom de jour
Ce qui n'a pas de fuite et n'a pas de retour?
Des langages humains défiant l'indigence,
L'Éternité se voile à notre intelligence,
Et pour nous faire entendre un de ses courts instans,
Il faut chercher pour eux un nom parmi les Temps.)
Un jour les habitans de l'immortel empire,
Imprudens une fois, s'unissaient pour l'instruire.
« Éloa, disaient-ils, oh! veillez bien sur vous :
» Un Ange peut tomber; le plus beau de nous tous
» N'est plus ici : pourtant dans sa vertu première
» On le nommait *celui qui porte la lumière;*

» Car il portait l'amour et la vie en tout lieu,
» Aux astres il portait tous les ordres de Dieu ;
» La Terre consacrait sa beauté sans égale,
» Appelant *Lucifer* l'étoile matinale,
» Diamant radieux que, sur son front vermeil,
» Parmi ses cheveux d'or, a posé le Soleil.
» Mais on dit qu'à présent il est sans diadème,
» Qu'il gémit, qu'il est seul, que personne ne l'aime,
» Que la noirceur d'un crime appesantit ses yeux,
» Qu'il ne sait plus parler le langage des Cieux ;
» La mort est dans les mots que prononce sa bouche ;
» Il brûle ce qu'il voit, il flétrit ce qu'il touche ;
» Il ne peut plus sentir le mal ni les bienfaits ;
» Il est même sans joie aux malheurs qu'il a faits.
» Le Ciel qu'il habita se trouble à sa mémoire,
» Nul Ange n'osera vous conter son histoire,

» Aucun Saint n'oserait dire une fois son nom. »
Et l'on crut qu'Éloa le maudirait; mais non,
L'effroi n'altéra point son paisible visage;
Et ce fut pour le Ciel un alarmant présage.
Son premier mouvement ne fut pas de frémir,
Mais plutôt d'approcher comme pour secourir;
La tristesse apparut sur sa lèvre glacée
Aussitôt qu'un malheur s'offrit à sa pensée;
Elle apprit à rêver, et son front innocent
De ce trouble inconnu rougit en s'abaissant;
Une larme brillait auprès de sa paupière.
Heureux ceux dont le cœur verse ainsi la première!

*

Un Ange eut ces ennuis qui troublent tant nos jours,
Et poursuivent les grands dans la pompe des cours;
Mais au sein des banquets, parmi la multitude,
Un homme qui gémit trouve la solitude;
Le bruit des Nations, le bruit que font les Rois,
Rien n'éteint dans son cœur une plus forte voix.
Harpes du Paradis, vous étiez sans prodiges!
Chars vivans dont les yeux ont d'éclatans prestiges!
Armures du Seigneur, pavillons du saint lieu,
Étoiles des bergers tombant des doigts de Dieu,
Saphirs des encensoirs, or du céleste dôme,
Délices du Nebel, senteurs du Cinnamome.

Vos bruits harmonieux, vos splendeurs, vos parfums,
Pour un Ange attristé devenaient importuns;
Les cantiques sacrés troublaient sa rêverie,
Car rien n'y répondait à son âme attendrie;
Et soit lorsque Dieu même, appelant les esprits,
Dévoilait sa grandeur à leurs regards surpris,
Et montrait dans les Cieux, foyer de la naissance,
Les profondeurs sans nom de sa triple puissance;
Soit quand les Chérubins représentaient entre eux
Ou les actes du Christ ou ceux des Bienheureux,
Et répétaient au Ciel chaque nouveau mystère
Qui, dans les mêmes temps, se passait sur la Terre,
La crèche offerte aux yeux des Mages étrangers,
La famille au désert, le salut des bergers:
Éloa s'écartant de ce divin spectacle,
Loin de leur foule et loin du brillant Tabernacle,

Cherchait quelque nuage où dans l'obscurité
Elle pourrait du moins rêver en liberté.

*

Les Anges ont des nuits comme la nuit humaine.
Il est dans le Ciel même une pure fontaine ;
Une eau brillante y court sur un sable vermeil.
Quand un Ange la puise, il dort, mais d'un sommeil
Tel que le plus aimé des amans de la terre
N'en voudrait pas quitter le charme solitaire,
Pas même pour revoir dormant auprès de lui
La beauté dont la tête a son bras pour appui.
Mais en vain Éloa s'abreuvait de son onde,
Sa douleur inquiète en était plus profonde ;

Et toujours dans la nuit un rêve lui montrait
Un Ange malheureux qui de loin l'implorait.
Les Vierges quelquefois pour connaître sa peine,
Formant une prière inentendue et vaine,
L'entouraient, et prenant ces soins qui font souffrir,
Demandaient quels trésors il lui fallait offrir,
Et de quel prix serait son éternelle vie,
Si le bonheur du Ciel flattait peu son envie;
Et pourquoi son regard ne cherchait pas enfin
Les regards d'un Archange ou ceux d'un Séraphin.
Éloa répondait une seule parole:
« Aucun d'eux n'a besoin de celle qui console.
» On dit qu'il en est un... » Mais détournant leurs pas,
Les Vierges s'enfuyaient et ne le nommaient pas.

*

Cependant, seule, un jour, leur timide compagne
Regarde autour de soi la céleste campagne,
Étend l'aile et sourit, s'envole, et dans les airs
Cherche sa Terre amie ou des astres déserts.

*

Ainsi dans les forêts de la Louisiane,
Bercé sous les bambous et la longue liane,

Ayant rompu l'œuf d'or par le soleil mûri,
Sort de son nid de fleurs l'éclatant Colibri;
Une verte émeraude a couronné sa tête,
Des ailes sur son dos la pourpre est déjà prête,
La cuirasse d'azur garnit son jeune cœur;
Pour les luttes de l'air l'oiseau part en vainqueur...
Il promène en des lieux voisins de la lumière
Ses plumes de corail qui craignent la poussière;
Sous son abri sauvage étonnant le ramier,
Le hardi voyageur visite le palmier.
La plaine des parfums est d'abord délaissée;
Il passe, ambitieux, de l'érable à l'alcée,
Et de tous ses festins croit trouver les apprêts
Sur le front du palmiste ou les bras du cyprès,
Mais les bois sont trop grands pour ses ailes naissantes,
Et les fleurs du berceau de ces lieux sont absentes;

Sur la verte savane il descend les chercher;
Les serpens-oiseleurs qu'elles pourraient cacher
L'effarouchent bien moins que les forêts arides.
Il poursuit près des eaux le jasmin des Florides,
La nompareille au fond de ses chastes prisons,
Et la fraise embaumée au milieu des gazons.

C'est ainsi qu'Éloa, forte dès sa naissance,
De son aile argentée essayant la puissance,
Passant la blanche voie où des feux immortels
Brûlent aux pieds de Dieu comme un amas d'autels,
Tantôt se balançant sur deux jeunes planètes,
Tantôt posant ses pieds sur le front des comètes,

Afin de découvrir les êtres nés ailleurs,
Arriva seule au fond des Cieux inférieurs.

*

L'Éther a ses degrés, d'une grandeur immense,
Jusqu'à l'ombre éternelle où le Chaos commence.
Sitôt qu'un Ange a fui l'azur illimité,
Coupole de saphirs qu'emplit la Trinité,
Il trouve un air moins pur; là passent des nuages,
Là tournent des vapeurs, serpentent des orages,
Comme une garde agile, et dont la profondeur
De l'air que Dieu respire éteint pour nous l'ardeur.

Mais après nos soleils et sous les atmosphères
Où, dans leur cercle étroit, se balancent nos sphères,
L'espace est désert, triste, obscur, et sillonné
Par un noir tourbillon lentement entraîné.
Un jour douteux et pâle éclaire en vain la nue;
Sous elle est le Chaos et la nuit inconnue;
Et lorsqu'un vent de feu brise son sein profond,
On devine le vide impalpable et sans fond.

Jamais les purs esprits, enfans de la lumière,
De ces trois régions n'atteignent la dernière,
Et jamais ne s'égare aucun beau Séraphin
Sur ces degrés confus dont l'Enfer est la fin.

Même les Chérubins, si forts et si fidèles,
Craignent que l'air impur ne manque sous leurs ailes,
Et qu'ils ne soient forcés, dans ce vol dangereux,
De tomber jusqu'au fond du Chaos ténébreux.
Que deviendrait alors l'exilé sans défense?
Du rire des Démons l'inextinguible offense;
Leurs mots, leurs jeux railleurs, lent et cruel affront,
Feraient baisser ses yeux, feraient rougir son front.
Péril plus grand! peut-être il lui faudrait entendre,
Quelque chant d'abandon voluptueux et tendre,
Quelque regret du Ciel, un récit douloureux,
Dit par la douce voix d'un Ange malheureux.
Et même en lui prêtant une oreille attendrie
Il pourrait oublier la céleste patrie,
Se plaire sous la nuit, et dans une amitié
Qu'auraient nouée entre eux les chants et la pitié.

Et comment remonter à la voûte azurée,
Offrant à la lumière éclatante et dorée
Des cheveux dont les flots sont épars et ternis,
Des ailes sans couleurs, des bras, un col brunis,
Un front plus pâle, empreint de traces inconnues,
Parmi les fronts sereins des habitans des nues,
Des yeux dont la rougeur montre qu'ils ont pleuré,
Et des pieds noirs encor d'un feu pestiféré?

Voilà pourquoi, toujours prudens et toujours sages,
Les Anges de ces lieux redoutent les passages.

*

C'était là cependant, sur la sombre vapeur,
Que la Vierge Éloa se reposait sans peur;
Elle ne se troubla qu'en voyant sa puissance,
Et les bienfaits nouveaux causés par sa présence.
Quelques mondes punis semblaient se consoler;
Les globes s'arrêtaient pour l'entendre voler.
S'il arrivait aussi qu'en ses routes nouvelles,
Elle touchât l'un d'eux des plumes de ses ailes,
Alors tous les chagrins s'y taisaient un moment,
Les rivaux s'embrassaient avec étonnement;
Tous les poignards tombaient oubliés par la haine;
Le captif souriait, marchait seul et sans chaîne;

Le criminel rentrait au temple de la loi;
Le proscrit s'asseyait au palais de son Roi;
L'inquiète Insomnie abandonnait sa proie;
Les pleurs cessaient partout, hors les pleurs de la joie;
Et surpris d'un bonheur rare chez les mortels,
Les amans séparés s'unissaient aux autels.

## CHANT DEUXIÈME.

❀

### Séduction.

❀

# Eloa.

*

## CHANT DEUXIÈME.

### Séduction.

Souvent parmi les monts qui dominent la terre
S'ouvre un puits naturel, profond et solitaire;
L'eau qui tombe du ciel s'y garde, obscur miroir
Où dans le jour on voit les étoiles du soir.

Là, quand la villageoise a, sous la corde agile,
De l'urne, au fond des eaux, plongé la frêle argile,
Elle y demeure oisive, et contemple long-temps
Ce magique tableau des astres éclatans,
Qui semble orner son front, dans l'onde souterraine,
D'un bandeau qu'envîraient les cheveux d'une Reine.
Telle, au fond du Chaos qu'observaient ses beaux yeux,
La Vierge en se penchant croyait voir d'autres Cieux.
Ses regards, éblouis par des Soleils sans nombre,
N'apercevaient d'abord qu'un abîme et que l'ombre.
Mais elle y vit bientôt des feux errans et bleus,
Tels que des froids marais les éclairs onduleux;
Ils fuyaient, revenaient, puis s'échappaient encore;
Chaque étoile semblait poursuivre un météore;
Et l'Ange, en souriant au spectacle étranger,
Suivait des yeux leur vol circulaire et léger.

Bientôt il lui sembla qu'une pure harmonie
Sortait de chaque flamme à l'autre flamme unie :
Tel est le choc plaintif et le son vague et clair
Des cristaux suspendus au passage de l'air,
Pour que, dans son palais, la jeune Italienne
S'endorme en écoutant la harpe-éolienne.
Ce bruit lointain devint un chant surnaturel,
Qui parut s'approcher de la fille du Ciel,
Et ces feux réunis furent comme l'aurore
D'un jour inespéré qui semblait près d'éclore.
A sa lueur de rose un nuage embaumé
Montait en longs détours dans un air enflammé,
Puis lentement forma sa couche d'ambroisie,
Pareille à ces divans où dort la molle Asie.
Là, comme un Ange assis, jeune, triste et charmant,
Une forme céleste apparut vaguement.

*

Quelquefois un enfant de la Clyde écumeuse
En bondissant parcourt sa montagne brumeuse,
Et chasse un daim léger que son cor étonna,
Des glaciers de l'Arven aux brouillards du Crona,
Franchit les rocs moussus, dans les gouffres s'élance,
Pour passer le torrent aux arbres se balance,
Tombe avec un pied sûr, et s'ouvre des chemins
Jusqu'à la neige encor vierge des pas humains.
Mais bientôt s'égarant au milieu des nuages.
Il cherche les sentiers voilés par les orages;
Là, sous un arc-en-ciel qui couronne les eaux,
S'il a vu dans la nue, et ses vagues réseaux,

Passer le plaid léger d'une Écossaise errante,
Et s'il entend sa voix dans les échos mourante,
Il s'arrête enchanté, car il croit que ses yeux
Viennent d'apercevoir la sœur de ses aïeux,
Qui va faire frémir, ombre encore amoureuse,
Sous ses doigts transparens la harpe vaporeuse;
Il cherche alors comment Ossian la nomma,
Et, debout sur sa roche, appelle Évir-Coma.

Non moins belle apparut, mais non moins incertaine,
De l'Ange ténébreux la forme encor lointaine,
Et des enchantemens non moins délicieux
De la Vierge céleste occupèrent les yeux.

*

Comme un cygne endormi qui seul, loin de la rive,
Livre son aile blanche à l'onde fugitive,
Le jeune homme inconnu mollement s'appuyait
Sur ce lit de vapeurs qui sous ses bras fuyait.
Sa robe était de pourpre, et flamboyante ou pâle,
Enchantait les regards des teintes de l'opale.
Ses cheveux étaient noirs, mais pressés d'un bandeau;
C'était une couronne ou peut-être un fardeau:
L'or en était vivant comme ces feux mystiques
Qui, tournoyans, brûlaient sur les trépieds antiques.
Son aile était ployée, et sa faible couleur
De la brume des soirs imitait la pâleur.

Des diamans nombreux rayonnent avec grâce
Sur ses pieds délicats qu'un cercle d'or embrasse ;
Mollement entourés d'anneaux mystérieux,
Ses bras et tous ses doigts éblouissent les yeux.
Il agite sa main, d'un sceptre d'or armée,
Comme un roi qui d'un mont voit passer son armée,
Et craignant que ses vœux ne s'accomplissent pas,
D'un geste impatient accuse tous ses pas.
Son front est inquiet, mais son regard s'abaisse,
Soit que sachant des yeux la force enchanteresse,
Il veuille ne montrer d'abord que par degrés
Leurs rayons caressans encor mal assurés,
Soit qu'il redoute aussi l'involontaire flamme
Qui dans un seul regard révèle l'âme à l'âme.
Tel que dans la forêt le doux vent du matin
Commence ses soupirs par un bruit incertain

Qui réveille la terre et fait palpiter l'onde;
Élevant lentement sa voix douce et profonde,
Et prenant un accent triste comme un adieu,
Voici les mots qu'il dit à la fille de Dieu:

*

« D'où viens-tu, belle Archange? où vas-tu? quelle voie
» Suit ton aile d'argent qui dans l'air se déploie?
» Vas-tu, te reposant au centre d'un Soleil,
» Guider l'ardent foyer de son cercle vermeil,
» Ou, troublant les amans d'une crainte idéale,
» Leur montrer dans la nuit l'Aurore boréale;
» Partager la rosée aux calices des fleurs,
» Ou courber sur les monts l'écharpe aux sept couleurs?

» Tes soins ne sont-ils pas de surveiller des âmes,
» Et de parler, le soir, au cœur des jeunes femmes;
» De venir comme un rêve en leurs bras te poser,
» Et de leur apporter un fils dans un baiser?
» Tels sont tes doux emplois, si du moins j'en veux croire
» Ta beauté merveilleuse et tes rayons de gloire.
» Mais plutôt n'es-tu pas un ennemi naissant
» Qu'instruit à me haïr mon rival trop puissant?
» Ah! peut-être est-ce toi qui, m'offensant moi-même,
» Conduiras mes païens sous les eaux du baptême;
» Car toujours l'ennemi m'oppose triomphant
» Le regard d'une vierge ou la voix d'un enfant.
» Je suis un exilé que tu cherchais peut-être,
» Mais s'il est vrai, prends garde au Dieu jaloux, ton maître;
» C'est pour avoir aimé, c'est pour avoir sauvé,
» Que je suis malheureux, que je suis réprouvé.

» Chaste beauté! viens-tu me combattre ou m'absoudre?
» Tu descends de ce Ciel qui m'envoya la foudre,
» Mais si douce à mes yeux, que je ne sais pourquoi
» Tu viens aussi d'en haut, belle Ange, contre moi. »

*

Ainsi l'Esprit parlait. A sa voix caressante,
Prestige préparé contre une âme innocente,
A ces douces lueurs, au magique appareil
De cet Ange si doux à ses frères pareil,
L'habitante des Cieux, de son aile voilée,
Montait en reculant sur sa route étoilée,
Comme on voit la baigneuse au milieu des roseaux
Fuir un jeune nageur qu'elle a vu sous les eaux.

Mais en vain ses deux pieds s'éloignaient du nuage,
Autant que la colombe en deux jours de voyage
Peut s'éloigner d'Alep et de la blanche tour
D'où la Sultane envoie une lettre d'amour :
Sous l'éclair d'un regard sa force fut brisée ;
Et dès qu'il vit ployer son aile maîtrisée,
L'ennemi séducteur continua tout bas :

*

« Je suis celui qu'on aime et qu'on ne connaît pas.
» Sur l'homme j'ai fondé mon empire de flamme
» Dans les désirs du cœur, dans les rêves de l'âme,
» Dans les liens des corps, attraits mystérieux,
» Dans les trésors du sang, dans les regards des yeux.

» C'est moi qui fais parler l'épouse dans ses songes;
» La jeune fille heureuse apprend d'heureux mensonges;
» Je leur donne des nuits qui consolent des jours,
» Je suis le Roi secret des secrètes amours.
» J'unis les cœurs, je romps les chaînes rigoureuses,
» Comme le papillon sur ses ailes poudreuses
» Porte aux gazons émus des peuplades de fleurs,
» Et leur fait des amours sans périls et sans pleurs.
» J'ai pris au Créateur sa faible créature;
» Nous avons, malgré lui, partagé la nature:
» Je le laisse, orgueilleux des bruits du jour vermeil,
» Cacher des astres d'or sous l'éclat d'un Soleil;
» Moi, j'ai l'ombre muette, et je donne à la terre
» La volupté des soirs et les biens du mystère.

» Es-tu venue, avec quelques Anges des Cieux,
» Admirer de mes nuits le cours délicieux?
» As-tu vu leurs trésors? Sais-tu quelles merveilles
» Des Anges ténébreux accompagnent les veilles?

*

» Sitôt que balancé sous le pâle horizon
» Le Soleil rougissant a quitté le gazon,
» Innombrables esprits, nous volons dans les ombres
» En secouant dans l'air nos chevelures sombres:
» L'odorante rosée alors jusqu'au matin
» Pleut sur les orangers, les lilas et le thym.

» La nature, attentive aux lois de mon empire,
» M'accueille avec amour, m'écoute et me respire;
» Je redeviens son âme, et pour mes doux projets
» Du fond des élémens j'évoque mes sujets.
» Convive accoutumé de ma nocturne fête,
» Chacun d'eux en chantant à s'y rendre s'apprête.
» Vers le ciel étoilé, dans l'orgueil de son vol,
» S'élance le premier l'éloquent rossignol;
» Sa voix sonore, à l'onde, à la terre, à la nue,
» De mon heure chérie annonce la venue;
» Il vante mon approche aux pâles aliziers,
» Il la redit encore aux humides rosiers;
» Héraut harmonieux, partout il me proclame;
» Tous les oiseaux de l'ombre ouvrent leurs yeux de flamme
» Le vermisseau reluit; son front de diamant
» Répète auprès des fleurs les feux du firmament,

» Et lutte de clartés avec le météore
» Qui rôde sur les eaux comme une pâle aurore.
» L'étoile des marais que détache ma main
» Tombe et trace dans l'air un lumineux chemin.

*

» Dédaignant le remords et sa triste chimère,
» Si la Vierge a quitté la couche de sa mère,
» Ces flambeaux naturels s'allument sous ses pas.
» Et leur feu clair la guide et ne la trahit pas.
» Si sa lèvre s'altère et vient près du rivage
» Chercher comme une coupe un profond coquillage,
» L'eau soupire et bouillonne, et devant ses pieds nus
» Jette aux bords sablonneux la Conque-de-Vénus.

» Des Esprits lui font voir de merveilleuses choses,
» Sous des bosquets remplis de la senteur des roses;
» Elle aperçoit sur l'herbe, où leur main la conduit,
» Ces fleurs dont la beauté ne s'ouvre que la nuit,
» Pour qui l'aube du jour aussi sera cruelle,
» Et dont le sein modeste a des amours comme elle.
» Le silence la suit; tout dort profondément;
» L'ombre écoute un mystère avec recueillement.
» Les vents, des prés voisins, apportent l'ambroisie
» Sur la couche des bois que l'amant a choisie.
» Bientôt deux jeunes voix murmurent des propos
» Qui des bocages sourds animent le repos;
» Au fond de l'orme épais dont l'abri les accueille,
» L'oiseau réveillé chante et bruit sous la feuille.
» L'hymne de volupté fait tressaillir les airs,
» Les arbres ont leurs chants, les buissons leurs concerts,

» Et sur les bords d'une eau qui gémit et s'écoule,
» La colombe de nuit languissamment roucoule.

*

» La voilà sous tes yeux l'œuvre du Malfaiteur ;
» Ce méchant qu'on accuse est un consolateur
» Qui pleure sur l'esclave et le dérobe au maître,
» Le sauve par l'amour des chagrins de son être,
» Et dans le mal commun lui-même enseveli,
» Lui donne un peu de charme, et quelquefois l'oubli. »

Trois fois, durant ces mots, de l'Archange naissante
La rougeur colora la joue adolescente,
Et luttant par trois fois contre un regard impur,
Une paupière d'or voila ses yeux d'azur.

# CHANT TROISIÈME.

❁

## Chute.

❁

# Eloa.

*

## CHANT TROISIÈME.

### Chute.

D'où venez-vous, Pudeur, noble crainte, ô Mystère
Qu'au temps de son enfance a vu naître la terre,
Fleur de ses premiers jours qui germez parmi nous,
Rose du Paradis! Pudeur, d'où venez-vous?

Vous pouvez seule encor remplacer l'innocence;
Mais l'arbre défendu vous a donné naissance;
Au charme des vertus votre charme est égal,
Mais vous êtes aussi le premier pas du mal.
D'un chaste vêtement votre sein se décore;
Ève avant le serpent n'en avait pas encore;
Et si le voile pur orne votre maintien,
C'est un voile toujours, et le crime a le sien.
Tout vous trouble; un regard blesse votre paupière;
Mais l'enfant ne craint rien, et cherche la lumière.
Sous ce pouvoir nouveau la Vierge fléchissait,
Elle tombait déjà, car elle rougissait;
Déjà presque soumise au joug de l'esprit sombre,
Elle descend, remonte et redescend dans l'ombre.

Telle on voit la perdrix voltiger et planer
Sur des épis brisés qu'elle voudrait glaner,
Car tout son nid l'attend; si son vol se hasarde,
Son regard ne peut fuir celui qui la regarde...
Et c'est le chien d'arrêt, qui, sombre surveillant,
La suit, la suit toujours d'un œil fixe et brillant.

*

O des instans d'amour ineffable délire!
Le cœur répond au cœur comme l'air à la lyre.
Ainsi qu'un jeune amant, interprète adoré,
Explique le désir par lui-même inspiré,
Et contre la pudeur aidant sa bien-aimée,
Entraînant dans ses bras sa faiblesse charmée,

Tout enivré d'espoir, plus qu'à demi vainqueur,
Prononce les sermens qu'elle fait dans son cœur;
Le prince des Esprits, d'une voix oppressée,
De la Vierge timide expliquait la pensée.
Éloa, sans parler, disait : Je suis à toi;
Et l'Ange ténébreux dit tout haut : Sois à moi!

*

« Sois à moi, sois ma sœur ; je t'appartiens moi-même,
» Je t'ai bien méritée, et dès long-temps je t'aime;
» Car je t'ai vue un jour. Parmi les fils de l'air
» Je me mêlais, voilé comme un Soleil d'hiver.
» Je revis une fois l'ineffable contrée,
» Des peuples lumineux la patrie azurée,

» Et n'eus pas un regret d'avoir quitté ces lieux
» Où la crainte toujours siège parmi des Dieux.
» Toi seule m'apparus comme une jeune étoile
» Qui de la vaste nuit perce à l'écart le voile ;
» Toi seule me parus ce qu'on cherche toujours,
» Ce que l'homme poursuit dans l'ombre de ses jours,
» Le Dieu qui du bonheur connaît seul le mystère,
» Et la Reine qu'attend mon trône solitaire.
» Enfin, par ta présence habile à me charmer,
» Il me fut révélé que je pouvais aimer.

*

» Soit que tes yeux, voilés d'une ombre de tristesse,
» Aient entendu les miens qui les cherchaient sans cesse,

» Soit que ton origine, aussi douce que toi,
» T'ait fait une patrie un peu plus près de moi,
» Je ne sais, mais, depuis l'heure qui te vit naître,
» Dans tout être créé j'ai cru te reconnaître;
» J'ai trois fois en pleurant passé dans l'Univers,
» Je te cherchais partout, dans un souffle des airs,
» Dans un rayon tombé du disque de la lune,
» Dans l'étoile qui fuit le ciel qui l'importune,
» Dans l'arc-en-ciel, passage aux Anges familier,
» Ou sur le lit moelleux des neiges du glacier;
» Des parfums de ton vol je respirais la trace;
» En vain j'interrogeai les globes de l'espace;
» Du char des astres purs j'obscurcis les essieux,
» Je voilai leurs rayons pour attirer tes yeux,
» J'osai même, enhardi par mon nouveau délire,
» Toucher les fibres d'or de la céleste lyre.

» Mais tu n'entendis rien, mais tu ne me vis pas.
» Je revins à la Terre, et je glissai mes pas
» Sous les abris de l'homme où tu reçus naissance.
» Je croyais t'y trouver protégeant l'innocence,
» Au berceau balancé d'un enfant endormi
» Rafraîchissant sa lèvre avec un souffle ami ;
» Ou bien comme un rideau développant ton aile,
» Et gardant contre moi, timide sentinelle,
» Le sommeil de la Vierge aux côtés de sa sœur,
» Qui, rêvant sur son sein, le presse avec douceur.
» Mais seul je retournai sous ma belle demeure,
» J'y pleurai comme ici, j'y gémis, jusqu'à l'heure
» Où le son de ton vol m'émut, me fit trembler,
» Comme un prêtre qui sent que son Dieu va parler. »

*

Il disait; et bientôt, comme une jeune Reine
Qui rougit de plaisir au nom de souveraine,
Et fait à ses sujets un geste gracieux,
Ou donne à leurs transports un regard de ses yeux,
Éloa, soulevant le voile de sa tête,
Avec un doux sourire à lui parler s'apprête,
Descend plus près de lui, se penche, et mollement
Contemple avec orgueil son immortel amant.
Son beau sein, comme un flot qui sur la rive expire,
Pour la première fois se soulève et soupire;
Son bras, comme un lis blanc sur le lac suspendu,
S'approche sans effroi lentement étendu;

Sa bouche parfumée en s'ouvrant semble éclore
Comme la jeune rose aux faveurs de l'aurore,
Quand le matin lui verse une fraîche liqueur,
Et qu'un rayon du jour entre jusqu'à son cœur.
Elle parle, et sa voix dans un beau son rassemble
Ce que les plus doux bruits auraient de grâce ensemble;
Et la lyre accordée aux flûtes dans les bois,
Et l'oiseau qui se plaint pour la première fois,
Et la mer quand ses flots apportent sur la grève
Les chants du soir aux pieds du voyageur qui rêve,
Et le vent qui se joue aux cloches des hameaux,
Ou fait gémir les joncs de la fuite des eaux:

*

« Puisque vous êtes beau, vous êtes bon, sans doute;
» Car sitôt que des Cieux une âme prend la route,
» Comme un saint vêtement, nous voyons sa bonté
» Lui donner en entrant l'éternelle beauté.
» Mais pourquoi vos discours m'inspirent-ils la crainte?
» Pourquoi sur votre front tant de douleur empreinte?
» Comment avez-vous pu descendre du saint lieu?
» Et comment m'aimez-vous, si vous n'aimez pas Dieu? »

*

Le trouble des regards, grâce de la décence,
Accompagnait ces mots forts comme l'innocence;
Ils tombaient de sa bouche aussi doux, aussi purs
Que la neige en hiver sur les coteaux obscurs;
Et comme, tout nourris de l'essence première,
Les Anges ont au cœur des sources de lumière,
Tandis qu'elle parlait, ses ailes à l'entour,
Et son sein et ses bras répandirent le jour:
Ainsi le diamant luit au milieu des ombres.
L'Archange s'en effraie, et sous ses cheveux sombres
Cherche un épais refuge à ses yeux éblouis;
Il pense qu'à la fin des Temps évanouis,

Il lui faudra de même envisager son maître,
Et qu'un regard de Dieu le brisera peut-être;
Il se rappelle aussi tout ce qu'il a souffert
Après avoir tenté Jésus dans le désert.
Il tremble; sur son cœur où l'enfer recommence,
Comme un sombre manteau jette son aile immense,
Et veut fuir. La terreur réveillait tous ses maux.

*

Sur la neige des monts, couronne des hameaux,
L'Espagnol a blessé l'aigle des Asturies,
Dont le vol menaçait ses blanches bergeries;
Hérissé, l'oiseau part et fait pleuvoir le sang,
Monte aussi vite au ciel que l'éclair en descend,

Regarde son Soleil, d'un bec ouvert l'aspire,
Croit reprendre la vie au flamboyant empire;
Dans un fluide d'or il nage puissamment,
Et parmi les rayons se balance un moment:
Mais l'homme l'a frappé d'une atteinte trop sûre;
Il sent le plomb chasseur fondre dans sa blessure;
Son aile se dépouille, et son royal manteau
Vole comme un duvet qu'arrache le couteau;
Dépossédé des airs, son poids le précipite;
Dans la neige du mont il s'enfonce et palpite,
Et la glace terrestre a d'un pesant sommeil
Fermé cet œil puissant respecté du Soleil.

*

Tel retrouvant ses maux au fond de sa mémoire,
L'Ange maudit pencha sa chevelure noire,
Et se dit, pénétré d'un chagrin infernal :
« — Triste amour du péché ! sombres désirs du mal !
» De l'orgueil, du savoir gigantesques pensées !
» Comment ai-je connu vos ardeurs insensées ?
» Maudit soit le moment où j'ai mesuré Dieu !
» Simplicité du cœur ! à qui j'ai dit adieu,
» Je tremble devant toi, mais pourtant je t'adore,
» Je suis moins criminel puisque je t'aime encore ;

» Mais dans mon sein flétri tu ne reviendras pas!
» Loin de ce que j'étais, quoi! j'ai fait tant de pas!
» Et de moi-même à moi si grande est la distance
» Que je ne comprends plus ce que dit l'innocence;
» Je souffre, et mon esprit par le mal abattu
» Ne peut plus remonter jusqu'à tant de vertu.

» Qu'êtes-vous devenus, jours de paix, jours célestes!
» Quand j'allais, le premier de ces Anges modestes,
» Prier à deux genoux devant l'antique loi,
» Et ne pensais jamais au-delà de la foi?
» L'éternité pour moi s'ouvrait comme une fête;
» Et des fleurs dans mes mains, des rayons sur ma tête,

» Je souriais, j'étais... J'aurais peut-être aimé ! »

Le Tentateur lui-même était presque charmé,
Il avait oublié son art et sa victime,
Et son cœur un moment se reposa du crime.
Il répétait tout bas, et le front dans ses mains :
« Si je vous connaissais, ô larmes des humains ! »

*

Ah ! si dans ce moment la Vierge eût pu l'entendre,
Si la céleste main qu'elle eût osé lui tendre

L'eût saisi repentant, docile à remonter...,
Qui sait? le mal peut-être eût cessé d'exister.
Mais sitôt qu'elle vit sur sa tête pensive
De l'Enfer décelé la douleur convulsive,
Étonnée et tremblante, elle éleva ses yeux,
Plus forte elle parut se souvenir des Cieux,
Et souleva deux fois ses ailes argentées,
Entr'ouvrant pour gémir ses lèvres enchantées;
Ainsi qu'un jeune enfant, s'attachant aux roseaux,
Tente de faibles cris étouffés sous les eaux.
Il la vit prête à fuir vers les Cieux de lumière.
Comme un tigre éveillé bondit dans la poussière,
Aussitôt en lui-même, et plus fort désormais,
Retrouvant cet esprit qui ne fléchit jamais,
Ce noir esprit du mal qu'irrite l'innocence,
Il rougit d'avoir pu douter de sa puissance,

Il rétablit la paix sur son front radieux,
Rallume tout-à-coup l'audace de ses yeux,
Et long-temps en silence il regarde et contemple
La victime du Ciel qu'il destine à son temple ;
Comme pour lui montrer qu'elle résiste en vain,
Et s'endurcir lui-même à ce regard divin.
Sans amour, sans remords, au fond d'un cœur de glace,
Des coups qu'il va porter il médite la place,
Et pareil au guerrier qui, tranquille à dessein,
Dans les défauts du fer cherche à frapper le sein,
Il compose ses traits sur les désirs de l'Ange ;
Son air, sa voix, son geste et son maintien, tout change.
Sans venir de son cœur, des pleurs fallacieux
Paraissent tout-à-coup sur le bord de ses yeux.
La Vierge dans le Ciel n'avait pas vu de larmes,
Et s'arrête ; un soupir augmente ses alarmes.

Il pleure amèrement comme un homme exilé,
Comme une veuve auprès de son fils immolé;
Ses cheveux dénoués sont épars; rien n'arrête
Les sanglots de son sein qui soulèvent sa tête.
Éloa vient et pleure; ils se parlent ainsi:

*

Que vous ai-je donc fait? Qu'avez-vous? me voici.
— Tu cherches à me fuir, et pour toujours peut-être.
Combien tu me punis de m'être fait connaître!
— J'aimerais mieux rester, mais le Seigneur m'attend.
Je veux parler pour vous, souvent il nous entend.
— Il ne peut rien sur moi, jamais mon sort ne change,
Et toi seule es le Dieu qui peut sauver un Ange.

—Que puis-je faire? hélas! dites, faut-il rester?
—Oui, descends jusqu'à moi, car je ne puis monter.
—Mais quel don voulez-vous?—Le plus beau, c'est nous-mê
Viens.—M'exiler du Ciel?—Qu'importe si tu m'aimes?
Touche ma main. Bientôt dans un mépris égal
Se confondront pour nous et le bien et le mal.
Tu n'as jamais compris ce qu'on trouve de charmes
A présenter son sein pour y cacher des larmes.
Viens, il est un bonheur que moi seul t'apprendrai;
Tu m'ouvriras ton âme, et je l'y répandrai.
Comme l'aube et la lune au couchant reposée
Confondent leurs rayons, ou comme la rosée
Dans une perle seule unit deux de ses pleurs
Pour s'empreindre du baume exhalé par les fleurs,
Comme un double flambeau réunit ses deux flammes,
Non moins étroitement nous unirons nos âmes.

—Je t'aime et je descends. Mais que diront les Cieux?

*

En ce moment passa dans l'air, loin de leurs yeux,
Un des célestes chœurs, où, parmi les louanges,
On entendit ces mots que répétaient des Anges :
« Gloire dans l'Univers, dans les temps, à celui
» Qui s'immole à jamais pour le salut d'autrui! »
Les Cieux semblaient parler. C'en était trop pour elle.

Deux fois encor levant sa paupière infidèle,
Promenant des regards encore irrésolus,
Elle chercha ces Cieux qu'elle ne voyait plus.

Des Anges au Chaos allaient puiser des mondes.
Passant avec terreur dans ses plaines profondes,
Tandis qu'ils remplissaient les messages de Dieu,
Ils ont tous vu tomber un nuage de feu.
Des plaintes de douleur, des réponses cruelles,
Se mêlaient dans la flamme au battement des ailes:

*

Où me conduisez-vous, bel Ange? —Viens toujours.
—Que votre voix est triste, et quel sombre discours!

N'est-ce pas Éloa qui soulève ta chaîne?
J'ai cru t'avoir sauvé. — Non, c'est moi qui t'entraîne.
— Si nous sommes unis, peu m'importe en quel lieu!
Nomme-moi donc encore ou ta Sœur ou ton Dieu!
— J'enlève mon esclave et je tiens ma victime.
— Tu paraissais si bon! Oh! qu'ai-je fait? — Un crime.
— Seras-tu plus heureux, du moins, es-tu content?
— Plus triste que jamais. — Qui donc es-tu? — Satan. »

❀

Écrit, en 1823, dans les Vosges.

❀

# LIVRE MODERNE.

❁

# DOLORIDA.

## POEME.

*Yo amo mas a tu amor que a tu vida.*

PROV. ESPAGNOL.

J'aime mieux ton amour que ta vie.

# Dolorida.

*

Est-ce la Volupté qui, pour ses doux mystères,
Furtive, a rallumé ces rayons solitaires?
La gaze et le cristal sont leur pâle prison.
Aux souffles purs d'un soir de l'ardente saison

S'ouvre sur le balcon la moresque fenêtre ;
Une aurore imprévue à minuit semble naître
Quand la lune apparaît, quand ses gerbes d'argent
Font pâlir les lueurs du feu rose et changeant,
Car sa flamme est auprès de celle de la terre
Ce qu'est l'amour céleste à l'amour adultère.
Comme un fleuve de lait lentement répandu,
Inondant le tapis dans la chambre étendu,
L'astre mystérieux présente à l'œil des piéges,
Il éclaire en montant le velours bleu des siéges,
La soyeuse ottomane où le livre est encor,
La pendule mobile entre deux vases d'or,
La Madone d'argent, sous des roses cachée,
Et sur un lit d'azur une beauté couchée.

*

O ! jamais dans Madrid un noble cavalier
Ne verra tant de grâce à plus d'art s'allier ;
Jamais pour plus d'attraits, lorsque la nuit commence,
N'a frémi la guitare et langui la romance ;
Jamais, dans nulle église, on ne vit plus beaux yeux
Des grains du chapelet se tourner vers les cieux ;
Sur les mille degrés du vaste amphithéâtre
On n'admira jamais plus belles mains d'albâtre
Sous la mantille noire et ses paillettes d'or
Applaudissant, de loin, l'adroit Toréador.

Mais, ô vous, qu'en secret nulle œillade attentive
Dans ses rayons brillans ne chercha pour captive,
Jeune foule d'amans, Espagnols à l'œil noir,
Si sous la perle et l'or vous l'adoriez le soir,
Qui de vous ne voudrait (dût la dague andalouse
Le frapper au retour de sa pointe jalouse)
Prosterner ses baisers sur ces pieds découverts,
Ce col, ce sein d'albâtre, à l'air nocturne ouverts,
Et ces longs cheveux noirs tombant sur son épaule,
Comme tombe à ses pieds le vêtement du saule?

*

Dolorida n'a plus que ce voile incertain,
Le premier que revêt le pudique matin,
Et le dernier rempart que, dans sa nuit folâtre,
L'Amour ose enlever d'une main idolâtre.
Ses bras nus à sa tête offrent un mol appui,
Mais ses yeux sont ouverts, et bien du temps a fui
Depuis que, sur l'émail, dans ses douze demeures
Ils suivent le compas qui tourne avec les heures.
Que fait-il donc celui que sa douleur attend?
Sans doute il n'aime pas, celui qu'elle aime tant.
A peine chaque jour l'épouse délaissée
Voit un baiser distrait sur sa lèvre empressée

Tomber seul, sans l'amour; son amour cependant
S'accroît par les dédains et souffre plus ardent.

Près d'un constant époux, peut-être, ô jeune femme!
Quelque infidèle espoir eût égaré ton âme;
Car l'amour d'une femme est semblable à l'enfant
Qui, las de ses jouets, les brise triomphant,
Foule d'un pied volage une rose immobile,
Et suit l'insecte ailé qui fuit sa main débile.

*

Trois heures cependant ont lentement sonné;
La voix du temps est triste au cœur abandonné;

Ses coups y réveillaient la douleur de l'absence,
Et la lampe luttait; sa flamme sans puissance
Décroissait inégale, et semblait un mourant
Qui sur la vie encor jette un regard errant.
A ses yeux fatigués tout se montre plus sombre,
Le crucifix penché semble agiter son ombre;
Un grand froid la saisit, mais les fortes douleurs
Ignorent les sanglots, les soupirs et les pleurs:
Elle reste immobile, et sous un air paisible,
Mord, d'une dent jalouse, une main insensible.

*

Que le silence est long! Mais on entend des pas;
La porte s'ouvre, il entre: elle ne tremble pas!

Elle ne tremble pas, à sa pâle figure
Qui de quelque malheur semble traîner l'augure;
Elle voit sans effroi son jeune époux, si beau,
Marcher jusqu'à son lit comme on marche au tombeau.
Sous les plis du manteau se courbe sa faiblesse;
Même sa longue épée est un poids qui le blesse.
Tombé sur ses genoux, il parle à demi-voix :

*

« — Je viens te dire adieu; je me meurs, tu le vois,
Dolorida, je meurs! une flamme inconnue,
Errante, est de mon sang jusqu'au cœur parvenue.
Mes pieds sont froids et lourds, mon œil est obscurci;
Je suis tombé trois fois en revenant ici.

Mais je voulais te voir; mais, quand l'ardente fièvre
Par des frissons brûlans a fait trembler ma lèvre,
J'ai dit : Je vais mourir; que la fin de mes jours
Lui fasse au moins savoir qu'absent j'aimais toujours.
Alors je suis parti, ne demandant qu'une heure
Et qu'un peu de soutien pour trouver ta demeure.
Je me sens plus vivant à genoux devant toi.

— Pourquoi mourir ici, quand vous viviez sans moi?

— O cœur inexorable! oui, tu fus offensée;
Mais écoute mon souffle, et sens ma main glacée;

Viens toucher sur mon front cette froide sueur ;
Du trépas dans mes yeux vois la terne lueur.
Donne, oh ! donne une main ; dis mon nom. Fais entendre
Quelque mot consolant, s'il ne peut être tendre.
Des jours qui m'étaient dus je n'ai pas la moitié ;
Laisse en aller mon âme en rêvant ta pitié !
Hélas ! devant la mort montre un peu d'indulgence !

— La mort n'est que la mort, et n'est pas la vengeance.

— O Dieux, si jeune encor ! tout son cœur endurci !
Qu'il t'a fallu souffrir pour devenir ainsi !

Tout mon crime est empreint au fond de ton langage,
Faible amie, et ta force horrible est mon ouvrage.
Mais viens, écoute-moi, viens, je mérite et veux
Que ton âme apaisée entende mes aveux.
Je jure, et tu le vois, en expirant, ma bouche
Jure devant ce Christ qui domine ta couche,
Et si par leur faiblesse ils n'étaient pas liés,
Je lèverais mes bras jusqu'au sang de ses pieds;
Je jure que jamais mon amour égarée
N'oublia loin de toi ton image adorée;
L'infidélité même était pleine de toi,
Je te voyais partout entre ma faute et moi;
Et sur un autre cœur mon cœur rêvait tes charmes
Plus touchans par mon crime et plus beaux par tes larmes.
Séduit par ces plaisirs qui durent peu de temps,
Je fus bien criminel, mais, hélas! j'ai vingt ans.

— T'a-t-elle vu pâlir ce soir dans tes souffrances?

— J'ai vu son désespoir passer tes espérances.
Oui, sois heureuse, elle a sa part dans nos douleurs;
Quand j'ai crié ton nom, elle a versé des pleurs;
Car je ne sais quel mal circule dans mes veines;
Mais je t'appelais seule avec des plaintes vaines,
J'ai cru d'abord mourir et n'avoir pas le temps
D'appeler ton pardon sur mes derniers instans.
O parle! mon cœur fuit; quitte ce dur langage;

Qu'un regard... Mais quel est ce blanchâtre breuvage
Que tu bois à longs traits et d'un air insensé?

— Le reste du poison qu'hier je t'ai versé!

Écrit, en 1823, dans les Pyrénées.

# LA PRISON.

## POEME.

XVII^e SIÈCLE.

## La Prison.

*

« Oh ! ne vous jouez plus d'un vieillard et d'un prêtre !
» Étranger dans ces lieux, comment les reconnaître ?
» Depuis une heure au moins cet importun bandeau
» Presse mes yeux souffrans de son épais fardeau.

» Soin stérile et cruel! car de ces édifices
» Ils n'ont jamais tenté les sombres artifices
» Soldats! vous outragez le ministre et le Dieu,
» Dieu même que mes mains apportent dans ce lieu. »
Il parle; mais en vain sa crainte les prononce:
Ces mots et d'autres cris se taisent sans réponse.
On l'entraîne toujours en des détours savans:
Tantôt crie à ses pieds le bois des ponts mouvans;
Tantôt sa voix s'éteint à de courts intervalles,
Tantôt fait retentir l'écho des vastes salles;
Dans l'escalier tournant on dirige ses pas:
Il monte à la prison que lui seul ne voit pas;
Et les bras étendus, le vieux prêtre timide
Tâte les murs épais du corridor humide.
On s'arrête; il entend le bruit des pieds mourir,
Sous de bruyantes clefs des gonds de fer s'ouvrir.

Il descend trois degrés sur la pierre glissante ;
Et, privé du secours de sa vue impuissante,
La chaleur l'avertit qu'on éclaire ces lieux ;
Enfin, de leur bandeau on délivre ses yeux.
Dans un étroit cachot dont les torches funèbres
Ont peine à dissiper les épaisses ténèbres,
Un vieillard expirant attendait ses secours.
Du moins ce fut ainsi qu'en un brusque discours
Ses sombres conducteurs le lui firent entendre.
Un instant, en silence, on le pria d'attendre.
« Mon prince, dit quelqu'un, le saint homme est venu.
» — Eh ! que m'importe à moi ! » soupira l'inconnu.
Cependant vers le lit que deux lourdes tentures
Voilent du luxe ancien de leurs pâles peintures,
Le prêtre s'avança lentement, et, sans voir
Le malade caché, se mit à son devoir.

LE PRÊTRE.

Écoutez-moi, mon fils.

LE MOURANT.

Hélas! malgré ma haine,
J'écoute votre voix, c'est une voix humaine:
J'étais né pour l'entendre, et je ne sais pourquoi
Ceux qui m'ont fait du mal ont tant d'attraits pour moi.
Jamais je ne connus cette rare parole
Qu'on appelle amitié, qui, dit-on, vous console;
Et les chants maternels qui charment vos berceaux,

N'ont jamais résonné sous mes tristes arceaux;
Et pourtant, lorsqu'un mot m'arriva moins sévère,
Il ne fut pas perdu pour mon cœur solitaire.
Mais puisque vous m'aimez, ô vieillard inconnu!
Pourquoi jusqu'à ce jour n'êtes-vous pas venu?

### LE PRÊTRE.

O qui que vous soyez! vous que tant de mystère
Avant le temps prescrit sépara de la terre,
Vous n'aurez plus de fers dans l'asile des morts;
Si vous avez failli, rappelez les remords,
Versez-les dans le sein du Dieu qui vous écoute,
Ma main du repentir vous montrera la route;

Entrevoyez le Ciel par vos maux acheté :
Je suis prêtre, et vous porte ici la liberté.
De la confession j'accomplis l'œuvre sainte,
Le tribunal divin siège dans cette enceinte.
Répondez, le pardon déjà vous est offert;
Dieu même...

LE MOURANT.

Il est un Dieu! j'ai pourtant bien souffert!

LE PRÊTRE.

Vous avez moins souffert qu'il ne l'a fait lui-même.

Votre dernier soupir sera-t-il un blasphème?
Et quel droit avez-vous de plaindre vos malheurs,
Lorsque le sang du Christ tomba dans les douleurs?
O mon fils! c'est pour nous, tout ingrats que nous sommes,
Qu'il a daigné descendre aux misères des hommes.
A la vie, en son nom, dites un mâle adieu.

LE MOURANT.

J'étais peut-être roi.

LE PRÊTRE.

Le Sauveur était Dieu;

Mais, sans nous élever jusqu'à ce divin Maître,
Si j'osais, après lui, nommer encor le prêtre,
Je vous dirais : Et moi, pour combattre l'enfer,
J'ai resserré mon sein dans un corset de fer ;
Mon corps a revêtu l'inflexible cilice
Où chacun de mes pas trouve un nouveau supplice.
Au cloître est un pavé que, durant quarante ans,
Ont usé, chaque jour, mes genoux pénitens,
Et c'est encor trop peu que de tant de souffrance
Pour acheter du Ciel l'ineffable espérance.
Au creuset douloureux il faut être épuré
Pour conquérir son rang dans le séjour sacré.
Le temps nous presse : au nom de vos douleurs passées,
Dites-moi vos erreurs pour les voir effacées ;
Et devant cette Croix, où Dieu monta pour nous,
Souhaitez avec moi de tomber à genoux. »

— Sur le front du vieux moine une rougeur légère
Fit renaître une ardeur à son âge étrangère ;
Les pleurs qu'il retenait coulèrent un moment,
Au chevet du captif il tomba pesamment ;
Et ses mains présentaient le crucifix d'ébène,
Et tremblaient en l'offrant, et le tenaient à peine.
Pour le cœur du Chrétien demandant des remords,
Il murmurait tout bas la prière des morts ;
Et sur le lit, sa tête, avec douleur penchée,
Cherchait du prisonnier la figure cachée.
Un flambeau la révèle entière : ce n'est pas
Un front décoloré par un prochain trépas,
Ce n'est pas l'agonie et son dernier ravage ;
Ce qu'il voit est sans traits, et sans vie, et sans âge :
Un fantôme immobile à ses yeux est offert,
Et les feux ont relui sur un masque de fer.

*

Plein d'horreur, à l'aspect de ce sombre mystère,
Le prêtre se souvint que, dans le monastère,
Une fois, en tremblant, on se parla tout bas
D'un prisonnier d'État que l'on ne nommait pas;
Qu'on racontait de lui des choses merveilleuses,
De berceau dérobé, de craintes orgueilleuses,
De royale naissance, et de droits arrachés,
Et de ses jours captifs sous un masque cachés.
Quelques pères disaient qu'à sa descente en France,
De secouer ses fers il conçut l'espérance;
Qu'aux geôliers un instant il s'était dérobé,
Et, quoiqu'entre leurs mains aisément retombé,

L'on avait vu ses traits; et qu'une Provençale,
Arrivée au couvent de Saint-François-de-Sale
Pour y prendre le voile, avait dit, en pleurant,
Qu'elle prenait la Vierge et son Fils pour garant
Que le Masque de Fer avait vécu sans crime,
Et que son jugement était illégitime;
Qu'il tenait des discours pleins de grâce et de foi,
Qu'il était jeune et beau, qu'il ressemblait au roi,
Qu'il avait dans la voix une douceur étrange,
Et que c'était un prince, ou que c'était un ange.
Il se souvint encor qu'un vieux Bénédictin
S'étant acheminé vers la tour, un matin,
Pour rendre un vase d'or tombé sur son passage,
N'était pas revenu de ce triste voyage:
Sur quoi l'abbé du lieu pour toujours défendit
Les entretiens touchant le prisonnier maudit:

« Cet homme de l'enfer était une imposture ;
» Le Ciel avait puni la coupable lecture
» Des mystères gravés sur le vase indiscret. »
Le temps fit oublier ce dangereux secret.

*

Le prêtre regardait le malheureux célèbre ;
Mais ce cachot, tout plein d'un appareil funèbre,
Et cette mort voilée, et ces longs cheveux blancs,
Nés captifs et jetés sur des membres tremblans,
L'arrêtèrent long-temps en un sombre silence.
Il va parler, enfin ; mais tandis qu'il balance,
L'agonisant du lit se soulève et lui dit :
Vieillard, vous abaissez votre front interdit,

Je n'entends plus le bruit de vos conseils frivoles,
L'aspect de mon malheur arrête vos paroles.
Oui, regardez-moi bien, et puis dites après
Qu'un Dieu de l'innocent défend les intérêts;
Des péchés tant proscrits où toujours l'on succombe,
Aucun n'a séparé mon berceau de ma tombe;
Seul, toujours seul, par l'âge et la douleur vaincu,
Je meurs tout chargé d'ans, et je n'ai pas vécu.
Du récit de mes maux vous êtes bien avide:
Pourquoi venir fouiller dans ma mémoire vide,
Où, stérile de jours, le temps dort effacé?
Je n'eus point d'avenir et n'ai point de passé;
J'ai tenté d'en avoir; dans mes longues journées,
Je traçais sur les murs mes lugubres années;
Mais je ne pus les suivre en leur douloureux cours:
Les murs étaient remplis, et je vivais toujours.

Tout me devint alors obscurité profonde;
Je n'étais rien pour lui, qu'était pour moi le monde?
Que m'importaient des temps où je ne comptais pas?
L'heure que j'invoquais, c'est l'heure du trépas.
Écoutez, écoutez : quand je tiendrais la vie
De l'homme qui toujours tint la mienne asservie,
J'hésiterais, je crois, à le frapper des maux
Qui rongèrent mes jours, brûlèrent mon repos;
Quand le règne inconnu d'une impuissante ivresse
Saisit mon cœur oisif d'une vague tendresse,
J'appelais le bonheur, et ces êtres amis
Qu'à mon âge brûlant un songe avait promis.
Mes larmes ont rouillé mon masque de torture,
J'arrosais de mes pleurs ma noire nourriture,
Je déchirais mon sein par mes gémissemens,
J'effrayais mes geôliers de mes longs hurlemens;

Des nuits, par mes soupirs, je mesurais l'espace;
Aux hiboux des créneaux je disputais leur place,
Et, pendant aux barreaux où s'arrêtaient mes pas,
Je vivais hors des murs d'où je ne sortais pas.
Ici tomba sa voix. Comme après le tonnerre
De tristes sons encore épouvantent la terre,
Et, dans l'antre sauvage où l'effroi l'a placé,
Retiennent, en grondant, le voyageur glacé,
Long-temps on entendit ses larmes retenues
Suivre encore une fois des routes bien connues;
Les sanglots murmuraient dans ce cœur expirant.
Le vieux prêtre toujours priait en soupirant,
Lorsqu'un des noirs geôliers se pencha pour lui dire
Qu'il fallait se hâter, qu'il craignait le délire.
Un nouveau zèle alors ralluma ses discours:
« O mon fils! criait-il, votre vie eut son cours,

» Heureux, trois fois heureux celui que Dieu corrige!
» Gardons de repousser les peines qu'il inflige :
» Voici l'heure où vos maux vous seront précieux ;
» Il vous a préparé lui-même pour les Cieux.
» Oubliez votre corps, ne pensez qu'à votre âme ;
» Dieu lui-même l'a dit : L'homme né de la femme[1]
» Ne vit que peu de temps, et c'est dans les douleurs.
» Ce monde n'est que vide et ne vaut pas des pleurs.
» Qu'aisément de ses biens notre âme est assouvie!
» Me voilà, comme vous, au bout de cette vie :
» J'ai passé bien des jours, et ma mémoire en deuil
» De leur peu de bonheur n'est plus que le cercueil.
» C'est à moi d'envier votre longue souffrance,
» Qui d'un monde plus beau vous donne l'espérance ;

[1] *Job*, chap. XIV, v. 1.

» Les Anges à vos pas ouvriront le saint lieu :
» Pourvu que vous disiez un mot à votre Dieu,
» Il sera satisfait. » Ainsi, dans sa parole,
Mêlant les saints propos du livre qui console,
Le vieux prêtre engageait le mourant à prier,
Mais en vain : tout-à-coup on l'entendit crier,
D'une voix qu'animait la fièvre du délire,
Ces rêves du passé : Mais enfin je respire.
O bords de la Provence! ô lointain horizon!
Sable jaune où des eaux murmure le doux son!
Ma prison s'est ouverte : ô que la mer est grande!
Est-il vrai qu'un vaisseau jusque là-bas se rende?
Dieu! qu'on doit être heureux parmi les matelots!
Que je voudrais nager dans la fraîcheur des flots!
La terre vient, nos pieds à marcher se disposent,
Sur nos mâts arrêtés les voiles se reposent.

Ah! j'ai fui les soldats; en vain ils m'ont cherché;
Je suis libre, je cours, le masque est arraché;
De l'air dans mes cheveux j'ai senti le passage,
Et le soleil un jour éclaira mon visage.
— O pourquoi fuyez-vous? restez sur vos gazons,
Vierges! continuez vos pas et vos chansons:
Pourquoi vous retirer aux cabanes prochaines?
Le monde autant que moi déteste donc les chaînes?
Une seule s'arrête et m'attend sans terreur:
Quoi! du Masque de Fer elle n'a pas horreur?
Non, j'ai vu la pitié sur ses lèvres si belles,
Et de ses yeux en pleurs les douces étincelles.
Soldats! que voulez-vous? quel lugubre appareil!
J'ai mes droits à l'amour et ma part du soleil;
Laissez-nous fuir ensemble. O voyez-la! c'est elle
Avec qui je veux vivre, elle est là qui m'appelle;

Je ne fais pas le mal ; allez, dites au Roi
Qu'aucun homme jamais ne se plaindra de moi ;
Que je serai content si, près de ma compagne,
Je puis errer toujours de montagne en montagne,
Sans jamais arrêter nos loisirs voyageurs ;
Que je ne chercherai ni parens ni vengeurs ;
Et si l'on me demande où j'ai passé ma vie,
Je saurai déguiser ma liberté ravie ;
J'inventerai des jours où je vous cacherai :
Ah ! laissez-moi le Ciel, je vous pardonnerai.
Non..., toujours des cachots... Je suis né votre proie...
Mais je vois mon tombeau, je m'y couche avec joie,
Car vous ne m'aurez plus, et je n'entendrai plus
Les verrous se fermer sur l'éternel reclus.
Que me veut donc cet homme avec ses habits sombres ?
Captifs morts dans ces murs, est-ce une de vos ombres ?

Il pleure. Ah! malheureux! est-ce ta liberté?

LE PRÊTRE.

Non, mon fils, c'est sur vous; voici l'éternité.

LE MOURANT.

A moi! je n'en veux pas, j'y trouverais des chaînes.

LE PRÊTRE.

Non, vous n'y trouverez que des faveurs prochaines.

Un mot de repentir, un mot de votre foi,
Le Seigneur vous pardonne.

LE MOURANT.

O prêtre! laissez-moi!

LE PRÊTRE.

Dites : Je crois en Dieu. La mort vous est ravie.

## LE MOURANT.

Laissez en paix ma mort, on y laissa ma vie.
— Et d'un dernier effort l'esclave délirant,
Au mur de la prison brise son bras mourant.
«Mon Dieu! venez vous-même au secours de cette âme?»
Dit le prêtre, animé d'une pieuse flamme.
Au fond d'un vase d'or, ses doigts saints ont cherché
Le pain mystérieux où Dieu même est caché;
Tout se prosterne alors en un morne silence,
La clarté d'un flambeau sur le lit se balance;
Le chevet sur deux bras s'avance supporté,
Mais en vain : le captif était en liberté.

*

Resté seul au cachot, durant la nuit entière,
Le vieux religieux récita la prière;
Auprès du lit funèbre il fut toujours assis.
Quelques larmes, souvent, de ses yeux obscurcis,
Interrompant sa voix, tombaient sur le saint livre;
Et, lorsque la douleur l'empêchait de poursuivre,
Sa main jetait alors l'eau du rameau béni
Sur celui qui du Ciel peut-être était banni.
Et puis, sans se lasser, il reprenait encore,
De sa voix qui tremblait dans la prison sonore,

Le dernier chant de paix; il disait : « O Seigneur[1] !
» Ne brisez pas mon âme avec votre fureur;
» Ne m'enveloppez pas dans la mort de l'impie[2]. »
Il ajoutait aussi : « Quand le méchant m'épie,
» Me ferez-vous tomber, Seigneur, entre ses mains[3] ?
» C'est lui qui sous mes pas a rompu vos chemins;
» Ne me châtiez point, car mon crime est son crime.
» J'ai crié vers le Ciel du plus profond abîme[4].
» O mon Dieu! tirez-moi du milieu des méchans! »
Lorsqu'un rayon du jour eut mis fin à ses chants,
Il entendit monter vers les noires retraites,
Et des voix résonner dans ces voûtes secrètes.
Un moment lui restait, il eût voulu du moins

[1] *Ps.* XXXVII, v. 1. — [2] *Ps.* XXVII, v. 5. — [3] *Ps.* XXXVI, v. 32. — [4] *De Profundis*...

Voir le mort qu'il pleurait, sans ces cruels témoins;
Il s'approche, en tremblant, de ce fils du mystère
Qui vivait et mourait étranger à la terre;
Mais le Masque de Fer soulevait le linceul,
Et la captivité le suivit au cercueil.

Écrit, en 1821, à Vincennes.

A M. Antoni Deschamps.

# MADAME DE SOUBISE.

## CONTE

### DU XVIe SIÈCLE.

Le 24 du mesme mois s'exploita l'exécution tant souhaitée, qui déliura la chrestienté d'un nombre de pestes, au moyen desquelles le diable se faisoit fort de la destruire, attendu que deux ou trois qui en reschappèrent font encore tant de mal. Ce iour apporta merveilleux allegement et soulas à l'Église.

*La vraye et entiere histoire des trovbles*,
par le Frère de Laval.

# Madame de Soubise.

*

## I.

« Arquebusiers! chargez ma coulevrine!
Les lansquenets passent! sur leur poitrine
Je vois enfin la croix rouge, la croix
Double et tracée avec du sang, je crois!

Il est trop tard; le bourdon Notre-Dame
Ne m'avait donc éveillé qu'à demi?
Nous avons bu trop long-temps, sur mon âme!
Mais nous buvions à saint Barthélemi.

## II.

Donnez une épée
Et la mieux trempée,
Et mes pistolets,
Et mes chapelets.
Déjà le jour brille
Sur le Louvre noir;

On va tout savoir :

— Dites à ma fille

De venir tout voir. »

## III.

Le Baron parle ainsi par la fenêtre ;

C'est bien sa voix qu'on ne peut méconnaître ;

Courez, Varlets, Échansons, Écuyers,

Suisses, Piqueux, Page, Arbalétriers !

Voici venir madame Marie-Anne ;

Elle descend l'escalier de la tour :

Jusqu'au pavé baissez la pertuisane,

Et que chacun la salue à son tour.

## IV.

Une haquenée
Est seule amenée,
Tant elle a d'effroi
Du noir palefroi.
Mais son père monte
Le beau destrier;
Ferme à l'étrier:
— « N'avez-vous pas honte,
» Dit-il, de crier? »

## V.

« Vous descendez des hauts barons, ma mie,
Dans ma lignée on note d'infamie
Femme qui pleure, et ce, par la raison,
Qu'il en peut naître un lâche en ma maison.
Levez la tête et baissez votre voile :
Partons. Varlets, faites sonner le cor,
Sous ce brouillard la Seine me dévoile
Ses flots rougis... Je veux voir plus encor.

## VI.

La voyez-vous croître
La tour du vieux cloître?
Et le grand mur noir
Du royal manoir?
Entrons dans le Louvre :
Vous tremblez, je croi,
Au son du beffroi?
La fenêtre s'ouvre,
Saluez le Roi. »

## VII.

Le vieux Baron, en signant sa poitrine,
Va visiter la reine Catherine;
Sa fille reste, et dans la cour s'assied;
Mais sur un corps elle heurte son pied:
— «Je vis encor, je vis encor, madame;
Arrêtez-vous et donnez-moi la main;
En me sauvant vous sauverez mon âme;
Car j'entendrai la messe dès demain.»

## VIII.

— « Huguenot profane,
Lui dit Marie-Anne,
Sur ton corselet
Mets mon chapelet.
Tu prieras la Vierge,
Je prierai le Roi :
Prends ce palefroi,
Surtout prends un cierge,
Et viens avec moi. »

## IX.

Marie ordonne à tout son équipage
De l'emporter dans le manteau d'un page,
Lui fait ôter ses baudriers trop lourds,
Jette sur lui sa cape de velours,
Attache un voile avec une relique
Sur sa blessure, et dit, sans s'émouvoir :
« Ce gentilhomme est un bon catholique,
Et dans l'église il vous le fera voir. »

## X.

Murs de Saint-Eustache!
Quel peuple s'attache
A vos escaliers,
A vos noirs piliers;
Traînant sur la claie
Des morts sans cercueil,
La fureur dans l'œil,
Et formant la haie
De l'autel au seuil?

## XI.

Dieu fasse grâce à l'année où nous sommes!
Ce sont vraiment des femmes et des hommes;
Leur foule entonne un *Te Deum* en chœur,
Et dans le sang trempe et dévore un cœur,
Cœur d'Amiral arraché dans la rue,
Cœur gangrené du schisme de Calvin.
On boit, on mange, on rit; la foule accrue
Se l'offre et dit : C'est le pain et le vin.

## XII.

Un moine qui masque
Son front sous un casque,
Lit au maître-autel
Le livre immortel;
Il chante au pupitre,
Et sa main trois fois,
En faisant la croix,
Jette sur l'épître
Le sang de ses doigts.

## XIII.

« Place! dit-il; tenons notre promesse
D'épargner ceux qui viennent à la messe.
Place! je vois arriver deux enfans,
Ne tuez pas encor, je le défends;
Tant qu'ils sont là, je les ai sous ma garde.
Saint Paul a dit : Le temple est fait pour tous;
Chacun son lot, le dedans me regarde,
Mais, une fois dehors, ils sont à vous. »

## XIV.

— « Je viens sans mon père,
Mais en vous j'espère
(Dit Anne deux fois
D'une faible voix);
Il est chez la Reine.
Moi, j'accours ici
Demander merci
Pour ce capitaine
Qui vous prie aussi. »

## XV.

Le blessé dit : « Il n'est plus temps, madame,
Mon corps n'est pas sauvé, mais bien mon âme,
Si vous voulez ; donnez-moi votre main,
Et je mourrai catholique et romain ;
Épousez-moi, je suis duc de Soubise ;
Vous n'aurez pas à vous en repentir :
C'est pour un jour. Hélas ! dans votre église
Je suis entré, mais pour n'en plus sortir.

## XVI.

« Je sens fuir mon âme !
Êtes-vous ma femme? »
— « Hélas! dit-elle, oui, »
Se baissant vers lui.
Un mot les marie.
Ses yeux, par l'effort
D'un dernier transport,
Regardent Marie,
Puis il tombe mort.

## XVII.

Ce fut ainsi qu'Anne devint duchesse;
Elle donna le fief et sa richesse
A l'ordre saint des frères de Jésus,
Et leur légua ses propres biens en sus.
Un faible corps qu'un esprit troublé ronge,
Résiste un peu, mais ne vit pas long-temps:
Dans le couvent des Nones en Saintonge,
Elle mourut vierge et veuve à vingt ans.

Écrit à la Briche, en Beauce. Mai 1828.

# LA NEIGE.

## CONTE.

❀

# La Neige.

*

I.

Qu'il est doux, qu'il est doux d'écouter des histoires,
Des histoires du temps passé,
Quand les branches d'arbres sont noires,
Quand la neige est épaisse et charge un sol glacé!
Quand seul dans un ciel pâle un peuplier s'élance,
Quand sous le manteau blanc qui vient de le cacher

L'immobile corbeau sur l'arbre se balance,
Comme la girouette au bout du long clocher!

*

Ils sont petits et seuls ces deux pieds dans la neige.
Derrière les vitraux dont l'azur le protège,
Le Roi pourtant regarde et voudrait ne pas voir,
Car il craint sa colère et surtout son pouvoir.

De cheveux longs et gris son front brun s'environne,
Et porte en se ridant le fer de la couronne;
Sur l'habit dont la pourpre a peint l'ample velours
L'Empereur a jeté la lourde peau d'un ours.

Avidement courbé, sur le sombre vitrage
Ses soupirs inquiets impriment un nuage.
Contre un marbre frappé d'un pied appesanti,
Sa sandale romaine a vingt fois retenti.

Est-ce vous, blanche Emma, princesse de la Gaule?
Quel amoureux fardeau pèse à sa jeune épaule?
C'est le page Éginard, qu'à ses genoux le jour
Surprit, ne dormant pas, dans la secrète tour.

Doucement son bras droit étreint un cou d'ivoire,
Doucement son baiser suit une tresse noire,
Et la joue inclinée, et ce dos où les lis
De l'hermine entourés sont plus blancs que les plis.

Il retient dans son cœur une craintive haleine,
Et de sa dame ainsi pense alléger la peine,
Et gémit de son poids, et plaint ses faibles pieds
Qui dans ses mains, ce soir, dormiront essuyés.

Lorsqu'arrêtée Emma vante sa marche sûre,
Lève un front caressant, sourit et le rassure,
D'un baiser mutuel implore le secours,
Puis repart chancelante et traverse les cours.

Mais les voix des soldats résonnent sous les voûtes,
Les hommes d'armes noirs en ont fermé les routes;
— Éginard, échappant à ses jeunes liens,
Descend des bras d'Emma qui tombe dans les siens.

## II.

Un grand trône, ombragé des drapeaux d'Allemagne,
De son dossier de pourpre entoure Charlemagne.
Les douze pairs debout sur ses larges degrés
Y font luire l'orgueil des lourds manteaux dorés.

Tous posent un bras fort sur une longue épée,
Dans le sang des Saxons neuf fois par eux trempée ;
Par trois vives coulèurs se peint sur leurs écus
La gothique devise autour des rois vaincus.

Sous les triples piliers des colonnes moresques,
En cercle sont placés des soldats gigantesques,
Dont le casque fermé, chargé de cimiers blancs,
Laisse à peine entrevoir les yeux étincelans.

Tous deux, joignant les mains, à genoux sur la pierre,
L'un pour l'autre en leur cœur cherchant une prière,
Les beaux enfans tremblaient, en abaissant leur front
Tantôt pâle de crainte ou rouge de l'affront.

D'un silence glacé régnait la paix profonde. —
Bénissant en secret sa chevelure blonde,
Avec un lent effort, sous ce voile, Éginard
Tente vers sa maîtresse un timide regard.

Sous l'abri de ses mains Emma cache sa tête,
Et, pleurant, elle attend l'orage qui s'apprête;
Comme on se tait encore, elle donne à ses yeux
A travers ses beaux doigts un jour audacieux.

L'Empereur souriait en versant une larme
Qui donnait à ses traits un ineffable charme;
Il appela Turpin, l'évêque du palais,
Et d'une voix très douce il dit: Bénissez-les.

*

Qu'il est doux, qu'il est doux d'écouter des histoires,
Des histoires du temps passé,

Quand les branches d'arbres sont noires,

Quand la neige est épaisse et charge un sol glacé!

1820.

# LE COR.

## CONTE.

※

# Le Cor.

*

I.

J'aime le son du Cor, le soir, au fond des bois,
Soit qu'il chante les pleurs de la biche aux abois,
Ou l'adieu du chasseur que l'écho faible accueille,
Et que le vent du nord porte de feuille en feuille.

Que de fois seul dans l'ombre à minuit demeuré,
J'ai souri de l'entendre, et plus souvent pleuré!
Car je croyais ouïr de ces bruits prophétiques
Qui précédaient la mort des Paladins antiques.

O montagnes d'azur! ô pays adoré!
Rocs de la Frazona, cirque du Marboré,
Cascades qui tombez des neiges entraînées,
Sources, gaves, ruisseaux, torrens des Pyrénées;

Monts gelés et fleuris, trône des deux saisons,
Dont le front est de glace et les pieds de gazons!
C'est là qu'il faut s'asseoir, c'est là qu'il faut entendre
Les airs lointains d'un Cor mélancolique et tendre.

Souvent un voyageur, lorsque l'air est sans bruit,
De cette voix d'airain fait retentir la nuit;
A ses chants cadencés autour de lui se mêle
L'harmonieux grelot du jeune agneau qui bêle.

Une biche attentive, au lieu de se cacher,
Se suspend immobile au sommet du rocher,
Et la cascade unit, dans une chute immense,
Son éternelle plainte au chant de la romance.

Âmes des Chevaliers, revenez-vous encor?
Est-ce vous qui parlez avec la voix du Cor?
Roncevaux! Roncevaux! dans ta sombre vallée
L'ombre du grand Roland n'est donc pas consolée!

## II.

Tous les preux étaient morts, mais aucun n'avait fui.
Il reste seul debout, Olivier près de lui,
L'Afrique sur les monts l'entoure et tremble encore.
— Roland, tu vas mourir, rends-toi, criait le More;

Tous tes Pairs sont couchés dans les eaux des torrens. —
Il rugit comme un tigre, et dit : « Si je me rends,
» Africain, ce sera lorsque les Pyrénées
» Sur l'onde avec leurs corps rouleront entraînées.

» — Rends-toi donc, répond-il, ou meurs, car les voilà. »
Et du plus haut des monts un grand rocher roula.
Il bondit, il roula jusqu'au fond de l'abîme,
Et de ses pins, dans l'onde, il vint briser la cime.

— « Merci! cria Roland; tu m'as fait un chemin. »
Et jusqu'au pied des monts le roulant d'une main,
Sur le roc affermi comme un géant s'élance,
Et prête à fuir, l'armée à ce seul pas balance.

## III.

Tranquilles cependant, Charlemagne et ses preux
Descendaient la montagne et se parlaient entre eux.
A l'horizon déjà, par leurs eaux signalées,
De Luz et d'Argelès se montraient les vallées.

L'armée applaudissait. Le luth du troubadour
S'accordait pour chanter les saules de l'Adour;
Le vin français coulait dans la coupe étrangère;
Le soldat, en riant, parlait à la bergère.

Roland gardait les monts; tous passaient sans effroi.
Assis nonchalamment sur un noir palefroi
Qui marchait revêtu de housses violettes,
Turpin disait, tenant les saintes amulettes :

« Sire, on voit dans le ciel des nuages de feu;
» Suspendez votre marche, il ne faut tenter Dieu.
» Par monsieur saint Denis, certes ce sont des âmes
» Qui passent dans les airs sur ces vapeurs de flammes.

» Deux éclairs ont relui, puis deux autres encor. »
Ici l'on entendit le son lointain du Cor. —
L'Empereur étonné, se jetant en arrière,
Suspend du destrier la marche aventurière.

« Entendez-vous? dit-il. — Oui, ce sont des pasteurs
» Rappelant les troupeaux épars sur les hauteurs,
» Répondit l'archevêque, ou la voix étouffée
» Du nain vert Obéron qui parle avec sa fée. »

Et l'Empereur poursuit; mais son front soucieux
Est plus sombre et plus noir que l'orage des cieux.
Il craint la trahison, et tandis qu'il y songe
Le Cor éclate et meurt, renaît et se prolonge.

« Malheur! c'est mon neveu! malheur! car si Roland
» Appelle à son secours, ce doit être en mourant.
» Arrière! chevaliers, repassons la montagne!
» Tremble encor sous nos pieds, sol trompeur de l'Espagne!

## IV.

Sur le plus haut des monts s'arrêtent les chevaux ;
L'écume les blanchit ; sous leurs pieds, Roncevaux
Des feux mourans du jour à peine se colore.
A l'horizon lointain fuit l'étendard du More.

— « Turpin, n'as-tu rien vu dans le fond du torrent ?
— » J'y vois deux chevaliers ; l'un mort, l'autre expirant.
» Tous deux sont écrasés sous une roche noire ;
» Le plus fort, dans sa main, élève un Cor d'ivoire.

» Son âme en s'exhalant nous appela deux fois. »

*

Dieu! que le son du Cor est triste au fond des bois!

Écrit à Pau, en 1825.

A M. Jules Lefèvre,

AUTEUR DU PARRICIDE, DE MARIA, DES MEXICAINS, ETC.

# LE BAL.

## Le Bal.

*

La harpe tremble encore et la flûte soupire,
Car la Walse bondit dans son sphérique empire;
Des couples passagers éblouissent les yeux,
Volent entrelacés en cercle gracieux,

Suspendent des repos balancés en mesure,
Aux reflets d'une glace admirent leur parure,
Repartent; puis, troublés par leur groupe riant,
Dans leurs tours moins adroits se heurtent en criant.
La danseuse, enivrée aux transports de la fête,
Sème et foule en passant les bouquets de sa tête,
Au bras qui la soutient se livre, et, pâlissant,
Tourne, les yeux baissés sur un sein frémissant.

*

Courez, jeunes beautés, formez la double danse:
  Entendez-vous l'archet du bal joyeux,
Jeunes beautés? Bientôt la légère cadence
Toutes va, tout à coup, vous mêler à mes yeux.

*

Dansez, et couronnez de fleurs vos fronts d'albâtre;
Liez au blanc muguet l'hyacinthe bleuâtre,
Et que vos pas moelleux, délices d'un amant,
Sur le chêne poli glissent légèrement;
Dansez, car dès demain vos mères exigeantes
A vos jeunes travaux vous diront négligentes;
L'aiguille détestée aura fui de vos doigts,
Ou, de la mélodie interrompant les lois,
Sur l'instrument mobile, harmonieux ivoire,
Vos mains auront perdu la touche blanche et noire;
Demain, sous l'humble habit du jour laborieux,
Un livre, sans plaisir, fatiguera vos yeux...;

Ils chercheront en vain, sur la feuille indocile,
De ses simples discours le sens clair et facile;
Loin du papier noirci, votre esprit égaré,
Partant, seul et léger, vers le Bal adoré,
Laissera de vos yeux l'indécise prunelle
Recommencer vingt fois une page éternelle.
Prolongez, s'il se peut, oh! prolongez la nuit,
Qui d'un pas diligent plus que vos pas s'enfuit!

*

Le signal est donné, l'archet frémit encore:
  Élancez-vous, liez ces pas nouveaux
Que l'Anglais inventa, nœuds chers à Terpsichore,
Qui d'une molle chaîne imitent les anneaux.

*

Dansez; un soir encore usez de votre vie:
L'étincelante nuit d'un long jour est suivie;
A l'orchestre brillant le silence fatal
Succède, et les dégoûts aux doux propos du Bal.
Ah! reculez le jour, où, surveillantes mères,
Vous saurez du berceau les angoisses amères:
Car, dès que de l'enfant le cri s'est élevé,
Adieu, plaisir, long voile à demi-relevé,
Et parure éclatante, et beaux joyaux des fêtes;
Et le soir, en passant, les riantes conquêtes,
Sous les ormes, le soir, aux heures de l'amour,
Quand les feux suspendus ont rallumé le jour.

Mais, aux yeux maternels, les veilles inquiètes
Ne manquèrent jamais, ni les peines muettes
Que dédaigne l'époux, que l'enfant méconnaît,
Et dont le souvenir dans les songes renaît.
Ainsi, toute au berceau qui la tient asservie,
La mère avec ses pleurs voit s'écouler sa vie.
Rappelez les plaisirs, ils fuiront votre voix,
Et leurs chaînes de fleurs se rompront sous vos doigts.

*

Ensemble, à pas légers, traversez la carrière;
Que votre main touche une heureuse main,
Et que vos pieds savans à leur place première
Reviennent, balancés dans leur double chemin.

*

Dansez : un jour, hélas ! ô reines éphémères !
De votre jeune empire auront fui les chimères ;
Rien n'occupera plus vos cœurs désenchantés,
Que des rêves d'amour bien vite épouvantés,
Et le regret lointain de ces fraîches années
Qu'un souffle a fait mourir, en moins de temps fanées
Que la rose et l'œillet, l'honneur de votre front ;
Et, du temps indompté, lorsque viendra l'affront,
Quelles seront alors vos tardives alarmes ?
Un teint, déjà flétri, pâlira sous les larmes,
Les larmes, à présent doux trésor des amours,
Les larmes, contre l'âge inutile secours :

Car les ans maladifs, avec un doigt de glace,
Des chagrins dans vos cœurs auront marqué la place,
La morose vieillesse... O légères beautés!
Dansez, multipliez vos pas précipités,
Et dans les blanches mains les mains entrelacées,
Et les regards de feu, les guirlandes froissées,
Et le rire éclatant, cri des joyeux loisirs,
Et que la salle au loin tremble de vos plaisirs.

Paris, 1818.

# LE TRAPPISTE.

## POEME.

❀

On a proposé au roi de profiter du temps pour quitter Madrid avec une escorte sûre ; mais l'infortuné prince n'a pu se résoudre à suivre ce conseil.

Le bruit s'étant répandu parmi les gardes que le roi était emmené hors du palais, prisonnier des cortès, l'ardeur de cette troupe fidèle ne pouvait plus se contenir. Elle résolut de pénétrer jusqu'au palais et de mettre le roi en liberté. Après une charge meurtrière, ils parvinrent sur la place du palais. Ils attendaient impatiemment des ordres ; nul ordre ne fut donné de l'intérieur ! Figurez-vous le palais du roi entouré de ses malheureux gardes, dix pièces de canon braquées contre les portes et les fenêtres, et dix mille personnes, tant miliciens que bandits, poussant des cris épouvantables... Ils ont combattu... Le nombre des gardes échappés (vers l'armée de la foi) est d'environ trois cents... Le roi a paru au balcon et a salué le peuple.

*Journal des Débats*, 15 juillet 1822.

# Le Trappiste.

*

C'était une des nuits qui des feux de l'Espagne
Par des froids bienfaisans consolent la campagne :
L'ombre était transparente, et le lac argenté
Brillait à l'horizon sous un voile enchanté ;

Une lune immobile éclairait les vallées,
Où des citronniers verts serpentent les allées;
Des milliers de soleils, sans offenser les yeux,
Tels qu'une poudre d'or semaient l'azur des cieux,
Et les monts inclinés, verdoyante ceinture
Qu'en cercles inégaux enchaîna la nature,
De leurs dômes en fleurs étalaient la beauté,
Revêtus d'un manteau bleuâtre et velouté.
Mais aucun n'égalait dans sa magnificence
Le Mont-Serrat paré de toute sa puissance:
Quand des nuages blancs sur son dos arrondi
Roulaient leurs flots chassés par le vent du midi,
Les brisant de son front, comme un nageur habile,
Le géant semblait fuir sous ce rideau mobile;
Tantôt un piton noir, seul dans le firmament,
Tel qu'un fantôme énorme, arrivait lentement;

Tantôt un bois riant, sur une roche agreste,
S'éclairait, suspendu comme une île céleste.
Puis enfin, des vapeurs délivrant ses contours,
Comme une forteresse au milieu de ses tours,
Sortait le pic immense : il semblait à ses plaines
Des vents frais de la nuit partager les haleines,
Et l'orage indécis, murmurant à ses pieds,
Pendait encor d'en haut sur les monts effrayés.

*

En spectacles pompeux la nature est féconde;
Mais l'homme a des pensers bien plus grands que le monde.
Quelquefois tout un peuple endormi dans ses maux
S'éveille, et, saisissant le glaive des hameaux,

Maudissant la révolte impure et tortueuse,
Élève tout-à-coup sa voix majestueuse:
Il redemande à Dieu ses autels profanés,
Il rappelle à grands cris ses rois emprisonnés;
Comme un tigre, il arrache, il emporte sa chaîne;
Il se lève, il grandit, il s'étend comme un chêne,
Et de ses mille bras il couvre en liberté
Les sillons paternels du sol qui l'a porté.
Ainsi, terre indocile, à ton Roi seul constante,
Vendée, où la chaumière est encore une tente,
Ainsi de ton Bocage aux détours meurtriers
Sortirent en priant les paysans guerriers:
Ainsi, se relevant, l'infatigable Espagne
Fait sortir des héros du creux de la montagne.

*

Sur des rochers, non loin de ces antres sacrés
Où Pélage appela les Goths désespérés,
D'où sort toujours la gloire, et qui gardent encore,
Hélas! les os français mêlés à ceux du More,
Au-dessus de la nue, au-dessus des torrens,
Viennent de s'assembler les montagnards errans.
La pourpre du réseau dont leur front s'environne
Forme autour des cheveux une mâle couronne,
Et la corde légère, avec des nœuds puissans,
S'est tressée en sandale à leurs pieds bondissans.
Le silence est profond dans la foule attentive;
Car la hache pesante, avec la flamme active,

D'un chêne que cent ans n'ont pas su protéger
Ont fait pour leur prière un autel passager.

*

Là, ce chef dont le nom sème au loin l'épouvante
Dépose devant Dieu son oraison fervente;
Triomphateur sans pompe, il va d'une humble voix
Chanter le *Te Deum* sous le dôme des bois.
Est-ce un guerrier farouche? est-ce un pieux apôtre?
Sous la robe de l'un il a les traits de l'autre:
Il est prêtre, et pourtant promptement irrité;
Il est soldat aussi, mais plein d'austérité;
Son front est triste et pâle, et son œil intrépide;
Son bras frappe et bénit, son langage est rapide:

Il passe dans la foule et ne s'y mêle pas ;
Un pain noir et grossier compose ses repas ;
Il parle, on obéit ; on tremble s'il commande,
Et nul sur son destin ne tente une demande.
Le Trappiste est son nom : ce terrible inconnu,
Sorti jadis du monde, au monde est revenu ;
Car, soulevant l'oubli dont ces couvens funèbres
A leurs moines muets imposent les ténèbres,
Il reparut au jour, dans une main la croix,
Dans l'autre secouant, au nom des anciens Rois,
Ce fouet dont Jésus-Christ, de son bras pacifique,
Du haut des longs degrés du Temple magnifique
Renversa les vendeurs qui souillaient le saint mur,
Dans les débris épars de leur trafic impur.
Soit que la main de Dieu le couvre ou se retire,
Le condamne à la gloire ou l'élève au martyre,

S'il vit, il reviendra, sans plainte et sans orgueil,
D'un bras sanglant encore achever son cercueil,
Et reprendre, courbé, l'agriculture austère
Dont il s'est trop long-temps reposé dans la guerre.
Tel un mort, évoqué par de magiques voix,
Envoyé du sépulcre, apparaît pour les Rois,
Marche, prédit, menace, et retourne à sa tombe,
Dont la pierre éternelle en gémissant retombe.

*

Parmi ces montagnards, ces robustes bergers,
Aventuriers hardis, chasseurs aux pieds légers,

Qui rangent sous sa loi leur troupe volontaire,
Nul n'a voulu savoir ce qu'il a voulu taire.
Dieu l'inspire et l'envoie, il le dit : c'est assez,
Pourvu que leurs combats leur soient toujours laissés.
Joyeux, ils voyaient donc, sanctifiant leur gloire,
Ce prêtre offrir à Dieu leur première victoire.
Pour lui, couvert de l'aube et de l'étole orné,
Devant l'autel agreste il s'était retourné.
Déjà, soldat du Christ, près d'entrer dans la lice,
Il remplissait son cœur des baumes du calice.
Mais des soupirs, des bruits s'élèvent; un grand cri
L'interrompt; il s'étonne, et, lui-même attendri,
Voit un jeune inconnu, dont la tête est sanglante,
Traînant jusqu'à l'autel sa marche faible et lente,
Montrant un fer brisé qui soutenait sa main,
Qui défendit sa fuite et fraya son chemin.

C'est un de ces guerriers dont la constante veille
Fait qu'en ses palais d'or la royauté sommeille.
Il tombe; mais il parle, et sa tremblante voix
S'efforce à ce discours entrecoupé trois fois:
« Pour qui donc cet autel au milieu des ténèbres?
N'y chantez pas, ou bien dites des chants funèbres.
Quel Espagnol ne sait les hymnes du trépas?
Les nouveaux noms des morts ne vous manqueront pas:
J'apporte sur vos monts de sanglantes nouvelles!
— Quoi! le Roi n'est-il plus? disaient les voix fidèles.
— Pleurez. — Il est donc mort? — Pleurez, il est vivant! »
Et le jeune martyr, sur un bras se levant,
Tel qu'un gladiateur dont la paupière errante
Cherche le sol qui tourne et fuit sa main mourante:
« Nos combats sont finis, dit-il, en un seul jour;
Les taureaux ont quitté le cirque, et sans retour,

Puisque le spectateur à qui s'offrait la lutte
N'a pas daigné lui-même applaudir à leur chute.
Pour vous, si vous savez les secrets du devoir,
Partez, je vais mourir avant de les savoir.
Mais si vous rencontrez, non loin de ces montagnes,
Des soldats qui vont vite à travers les campagnes,
Qui portent sous leurs bras des fusils renversés,
Et passent en silence et leurs fronts abaissés,
Ne les engagez pas à cesser leur retraite;
Ils vous refuseraient en secouant la tête:
Car ils ont tous besoin, mon père, ainsi que moi,
De retremper leur âme aux sources de la Foi.
Nul ne sait s'il succombe ou fidèle ou parjure,
Et si le dévoûment ne fut pas une injure.
Vous, habitant sacré du mont silencieux,
Instruit des saintes morts que préfèrent les Cieux,

Jugez-nous et parlez... Vous savez quelle proie
Le peuple osa vouloir dans sa féroce joie?
Vous le savez, un Roi ne porte pas des fers
Sans que leur bruit s'entende au bout de l'univers.
Nous qui pensions encore, avant l'heure où nous sommes,
Qu'un serment prononcé devait lier les hommes,
Partant avec le jour, qui se levait sur nous
Brillant, mais dont le soir n'est pas venu pour tous,
Au palais, dont le peuple envahissait les portes,
En silence, à grands pas, marchaient nos trois cohortes:
Quand le balcon royal à nos yeux vint s'offrir,
Nous l'avons salué, car nous venions mourir.
Mais comme à notre voix il n'y paraît personne,
Aux cris des révoltés, à leur tocsin qui sonne,
A leur joie insultante, à leur nombre croissant,
Nous croyons le Roi mort, parcequ'il est absent;

Et, gémissant alors sur de fausses alarmes,
Accusant nos retards, nous répandions des larmes.
Mais un bruit les arrête, et, passé dans nos rangs,
Fait presque de leur mort repentir nos mourans.
Nous n'osons plus frapper, de peur qu'un plomb fidèle
N'aille blesser le Roi dans la foule rebelle.
Déjà, le fer levé, s'avancent ses amis,
Par nos bourreaux sanglans à nous tuer admis,
Nous recevons leurs coups long-temps avant d'y croire,
Et notre étonnement nous ôte la victoire :
En retirant vers vous nos rangs irrésolus,
Nous combattions toujours, mais nous ne pleurions plus. »

*

Il se tut. Il régna de montagne en montagne
Un bruit sourd qui semblait un soupir de l'Espagne.
Le Trappiste incliné mit la main sur ses yeux.
On ne sait s'il pleura; car, tranquille et pieux,
Levant son front creusé par les rides antiques,
Sa voix grave apaisa les bataillons rustiques:
Comme au vent du midi la neige au loin se fond,
La rumeur s'éteignit dans un calme profond.
La lune alors plus belle écartait un nuage,
Et du moine héroïque éclairait le visage;
Troublé sur ses sommets et dans sa profondeur,
Le mont de tous ces bruits déployait la grandeur;

Aux mots entrecoupés du vainqueur catholique
Se mêlaient d'un torrent la voix mélancolique,
Le froissement léger des mélèzes touffus,
D'un combat éloigné les coups longs et confus,
Et des loups affamés les hurlemens funèbres,
Et le cri des vautours volant dans les ténèbres :

*

« Frères, il faut mourir : qu'importe le moment?
Et si de notre mort le fatal instrument
Est cette main des Rois qui, jadis salutaire,
Touchait pour les guérir les peuples de la terre;
Quand même, nous brisant sous notre propre effort,
L'arche que nous portons nous donnerait la mort;

Quand même par nous seuls la couronne sauvée
Écraserait un jour ceux qui l'ont relevée,
Seriez-vous étonnés? et vos fidèles bras
Seraient-ils moins ardens à servir les ingrats?
Vous seriez-vous flattés qu'on trouvât sur la terre
La palme réservée au martyr volontaire?
Hommes toujours déçus, j'en appelle à vous tous:
Interrogez vos cœurs, voyez autour de vous;
Rappelez vos liens, vos premières années,
Et d'un juste coup d'œil sondez nos destinées.
Amis, frères, amans, qui vous a donc appris
Qu'un dévoûment jamais dût recevoir son prix?
Beaucoup semaient le bien d'une main vigilante,
Qui n'ont pu récolter qu'une moisson sanglante.
Si la couche est trompeuse et le foyer pervers,
Qu'avez-vous attendu des Rois de l'univers?

O faiblesse mortelle! ô misère profonde!
Le poids d'un grand service est trop lourd pour le monde.
On s'immole plutôt qu'on n'est reconnaissant,
D'un élan généreux tant l'attrait est puissant,
Et tant est fugitif le souvenir des hommes!
Plaignons notre nature et le siècle où nous sommes;
Gémissons en secret sur les fronts couronnés,
Mais servons-les pour Dieu qui nous les a donnés.
Notre cause est sacrée. et dans les cœurs subsiste.
En vain les Rois s'en vont: la Royauté résiste,
Son principe est en haut, en haut est son appui;
Car tout vient du Seigneur, et tout retourne à lui.
Dieu seul est juste, enfans; sans lui tout est mensonge,
Sans lui le mourant dit: « La vertu n'est qu'un songe. »
Nous allons le prier, et pour le prince absent,
Et pour tous les martyrs dont coule encor le sang.

Je donne cette nuit à vos dernières larmes:
Demain nous chercherons, à la pointe des armes,
Pour le Roi la couronne, et des tombeaux pour nous. »

Amen, dit l'assemblée en tombant à genoux.

En 1822, à Courbevoie.

# LA FRÉGATE

## La Sérieuse,

OU

## LA PLAINTE DU CAPITAINE.

**POEME.**

# La Frégate la Sérieuse.

*

## I.

Qu'elle était belle ma Frégate,

Lorsqu'elle voguait sous le vent!

Elle avait, au soleil levant,
Toutes les couleurs de l'agate ;
Ses voiles luisaient le matin
Comme des ballons de satin ;
Sa quille mince, longue et plate,
Portait deux bandes d'écarlate
Sur vingt-quatre canons cachés ;
Ses mâts, en arrière penchés,
Paraissaient à demi couchés.
Dix fois plus vive qu'un pirate,
En cent jours du Havre à Surate
Elle nous emporta souvent.
— Qu'elle était belle ma Frégate,
Lorsqu'elle voguait sous le vent !

## II.

Brest vante son beau port, et cette rade insigne
Où peuvent manœuvrer cinq cents vaisseaux de ligne;
Boulogne, sa cité haute et double; et Calais,
Sa citadelle assise en mer comme un palais;
Dieppe a son vieux château soutenu par la Dune,
Ses baigneuses cherchant la vague au clair de lune,
Et ses vaisseaux d'ivoire habilement sculptés;
Cherbourg a ses fanaux de bien loin consultés;
Saint-Malo dans son port tranquillement regarde
Mille rochers debout qui lui servent de garde;

Lorient, dans sa rade au mouillage inégal,
Reçoit la poudre d'or des Noirs du Sénégal;
Bordeaux, de ses longs quais parés de maisons neuves,
Porte à la mer ses vins sur l'eau de deux grands fleuves;
Toute ville à Marseille aurait droit d'envier
Sa ceinture de fruits d'orange et d'olivier;
D'or et de fer Bayonne en tout temps fut prodigue;
Toulon a ses beaux forts, La Rochelle a sa digue:
Tous nos ports ont leur gloire ou leur luxe à nommer, —
Mais le Havre a lancé LA SÉRIEUSE en mer.

## La Traversée.

### III.

Quand la belle Sérieuse
Pour l'Égypte appareilla,
Sa figure gracieuse
Avant le jour s'éveilla;
A la lueur des étoiles
Elle déploya ses voiles,
Leurs cordages et leurs toiles,

Comme de larges réseaux,
Avec ce long bruit qui tremble,
Qui se prolonge, et ressemble
Au bruit des ailes qu'ensemble
Ouvre une troupe d'oiseaux.

## IV.

Dès que l'ancre dégagée
Revient par son câble à bord,
La proue alors est changée,
Selon l'aiguille et le nord.
La Sérieuse l'observe,

Elle passe la réserve,
Et puis marche de conserve
Avec le grand ORIENT:
Sa voilure toute blanche,
Comme un sein gonflé se penche;
Chaque mât, comme une branche,
Touche la vague en pliant.

## V.

Avec sa démarche leste
Elle glisse et prend le vent,
Laisse à l'arrière L'ALCESTE,

Et marche seule à l'avant.
Par son pavillon conduite,
L'escadre n'est à sa suite
Que lorsque, arrêtant sa fuite,
Elle veut l'attendre enfin;
Mais de bons marins pourvue,
Aussitôt qu'elle est en vue,
Par sa manœuvre imprévue
Elle part comme un dauphin.

## VI.

Comme un dauphin elle saute,
Elle plonge comme lui
Dans la mer profonde et haute,
Où le feu Saint-Elme a lui.
Le feu serpente avec grâce;
Du gouvernail qu'il embrasse
Il marque long-temps la trace,
Et l'on dirait un éclair,
Qui, n'ayant pu nous atteindre,
Dans les vagues va s'éteindre,

Mais ne cesse de les teindre
Du prisme enflammé de l'air.

## VII.

Ainsi qu'une forêt sombre
La flotte venait après,
Et de loin s'étendait l'ombre
De ses immenses agrès.
En voyant LE SPARTIATE,
LE FRANKLIN et sa frégate,
Le bleu, le blanc, l'écarlate,
De cent mâts nationaux,

L'armée, en convoi, remise
Comme en garde à L'ARTÉMISE,
Nous nous dîmes : C'est Venise
Qui s'avance sur les eaux.

## VIII.

Quel plaisir d'aller si vite,
Et de voir son pavillon,
Loin des terres qu'il évite,
Tracer un noble sillon!
Au large on voit mieux le monde,
Et sa tête énorme et ronde

Qui se balance et qui gronde
Comme éprouvant un affront,
Parceque l'homme se joue
De sa force, et que la proue,
Ainsi qu'une lourde roue,
Fend sa route sur son front.

## IX.

Quel plaisir! et quel spectacle,
Que l'élément triste et froid
Ouvert ainsi sans obstacle
Par un bois de chêne étroit!

Sur la plaine humide et sombre,
La nuit, reluisaient dans l'ombre
Des insectes en grand nombre,
De merveilleux vermisseaux,
Troupe brillante et frivole,
Comme un feu follet qui vole,
Ornant chaque banderole
Et chaque mât des vaisseaux.

X.

Et surtout La Sérieuse
Était belle nuit et jour;

La mer, douce et curieuse,
La portait avec amour,
Comme un vieux lion abaisse
Sa longue crinière épaisse,
Et, sans l'agiter, y laisse
Se jouer le lionceau;
Comme sur sa tête agile
Une femme tient l'argile,
Ou le jonc souple et fragile
D'un mystérieux berceau.

## XI.

Moi de sa poupe hautaine
Je ne m'absentais jamais,
Car, étant son capitaine,
Comme un enfant je l'aimais :
J'aurais moins aimé peut-être
L'enfant que j'aurais vu naître ;
De son cœur on n'est pas maître.
Moi je suis un vrai marin,
Ma naissance est un mystère,
Sans famille, et solitaire,

Je ne connais pas la terre,

Et la vois avec chagrin.

## XII.

Mon banc de quart est mon trône,

J'y règne plus que les Rois;

Sainte-Barbe est ma patrone;

Mon sceptre est mon porte-voix;

Ma couronne est ma cocarde;

Mes officiers sont ma garde;

A tous les vents je hasarde

Mon peuple de matelots,

Sans que personne demande
A quel bord je veux qu'il tende,
Et pourquoi je lui commande
D'être plus fort que les flots

## XIII.

Voilà toute la famille
Qu'en mon temps il me fallait;
Ma Frégate était ma fille :
Va! lui disais-je ; — elle allait,
S'élançait dans la carrière,
Laissant l'écueil en arrière,

Comme un cheval sa barrière;
Et l'on m'a dit qu'une fois
(Quand je pris terre en Sicile)
Sa marche fut moins facile,
Elle parut indocile
Aux ordres d'une autre voix.

## XIV.

On l'aurait crue animée!
Toute l'Égypte la prit,
Si blanche et si bien formée,
Pour un gracieux esprit

Des Français compatriote,
Lorsqu'en avant de la flotte
Dont elle était le pilote,
Doublant une vieille tour[1],
Elle entra sans avarie
Aux cris : Vive la Patrie !
Dans le port d'Alexandrie,
Qu'on appelle Abou-Mandour.

[1] La Tour des Arabes, près d'Alexandrie.

## Le Repos.

### XV.

Une fois, par malheur, si vous avez pris terre,
Peut-être qu'un de vous, sur un lac solitaire,
Aura vu, comme moi, quelque cygne endormi,
Qui se laissait au vent balancer à demi.
Sa tête nonchalante, en arrière appuyée,
Se cache dans la plume au soleil essuyée;
Son poitrail est lavé par le flot transparent,

Comme un écueil où l'eau se joue en expirant;
Le duvet qu'en passant l'air dérobe à sa plume,
Autour de lui s'envole et se mêle à l'écume;
Une aile est son coussin, l'autre est son éventail;
Il dort, et de son pied le large gouvernail
Trouble encore, en ramant, l'eau tournoyante et douce,
Tandis que sur ses flancs se forme un lit de mousse,
De feuilles et de joncs, et d'herbages errans,
Qu'apportent près de lui d'invisibles courans.

## Le Combat.

### XVI.

Ainsi près d'Aboukir reposait ma Frégate ;
A l'ancre dans la rade, en avant des vaisseaux,
On voyait de bien loin son corset d'écarlate
Se mirer dans les eaux.

Ses canots l'entouraient à leur place assignée.
Pas une voile ouverte, on était sans dangers.
Ses cordages semblaient des filets d'araignée,
Tant ils étaient légers.

Nous étions tous marins. Plus de soldats timides
Qui chancellent à bord ainsi que des enfans;
Ils marchaient sur leur sol, prenant des Pyramides,
Montant des éléphans.

Il faisait beau. — La mer, de sable environnée,
Brillait comme un bassin d'argent entouré d'or;
Un vaste soleil rouge annonça la journée
Du quinze thermidor.

La Sérieuse alors s'ébranla sur sa quille :
Quand venait un combat, c'était toujours ainsi ;
Je le reconnus bien, et je lui dis : Ma fille,
Je te comprends, merci.

J'avais une lunette exercée aux étoiles ;
Je la pris, et la tins ferme sur l'horizon.
— Une, deux, trois — je vis treize et quatorze voiles ;
Enfin, c'était Nelson.

Il courait contre nous en avant de la brise ;
La Sérieuse à l'ancre, immobile s'offrant,
Reçut le rude abord sans en être surprise,
Comme un roc un torrent.

Tous passèrent près d'elle en lâchant leur bordée ;
Fière, elle répondit aussi quatorze fois,
Et par tous les vaisseaux elle fut débordée,
Mais il en resta trois.

Trois vaisseaux de haut-bord combattre une frégate !
Est-ce l'art d'un marin? le trait d'un amiral?
Un écumeur de mer, un forban, un pirate,
N'eût pas agi si mal !

N'importe ! elle bondit dans son repos troublée,
Elle tourna trois fois jetant vingt-quatre éclairs,
Et rendit tous les coups dont elle était criblée,
Feux pour feux, fers pour fers.

Ses boulets enchaînés fauchaient des mâts énormes,
Faisaient voler le sang, la poudre et le goudron,
S'enfonçaient dans le bois, comme au cœur des grands ormes
Le coin du bûcheron.

Un brouillard de fumée où la flamme étincelle
L'entourait; mais, le corps brûlé, noir, écharpé,
Elle tournait, roulait, et se tordait sous elle,
Comme un serpent coupé.

Le soleil s'éclipsa dans l'air plein de bitume.
Ce jour entier passa dans le feu, dans le bruit;
Et lorsque la nuit vint, sous cette ardente brume
On ne vit pas la nuit.

Nous étions enfermés comme dans un orage :
Des deux flottes au loin le canon s'y mêlait ;
On tirait en aveugle à travers le nuage,
Toute la mer brûlait.

Mais quand le jour revint, chacun connut son œuvre.
Les trois vaisseaux flottaient démâtés, et si las
Qu'ils n'avaient plus de force assez pour la manœuvre ;
Mais ma Frégate, hélas !

Elle ne voulait plus obéir à son maître ;
Mutilée, impuissante, elle allait au hasard ;
Sans gouvernail, sans mâts, on n'eût pu reconnaître
La merveille de l'art !

Engloutie à demi, son large pont à peine
S'affaissant par degrés se montrait sur les flots,
Et là ne restaient plus, avec moi capitaine,
Que douze matelots.

Je les fis mettre en mer à bord d'une chaloupe,
Hors de notre eau tournante et de son tourbillon;
Et je revins tout seul me coucher sur la poupe
Au pied du pavillon.

J'aperçus des Anglais les figures livides,
Faisant pour s'approcher un inutile effort,
Sur leurs vaisseaux flottans comme des tonneaux vides,
Vaincus par notre mort.

LA SÉRIEUSE alors semblait à l'agonie,
L'eau dans ses cavités bouillonnait sourdement;
Elle, comme voyant sa carrière finie,
Gémit profondément.

Je me sentis pleurer, et ce fut un prodige,
Un mouvement honteux; mais bientôt l'étouffant:
Nous nous sommes conduits comme il fallait, lui dis-je;
Adieu donc, mon enfant.

Elle plongea d'abord sa poupe et puis sa proue,
Mon pavillon noyé se montrait en-dessous;
Puis elle s'enfonça, tournant comme une roue,
Et la mer vint sur nous.

## XVII.

Hélas! deux mousses d'Angleterre
Me sauvèrent alors, dit-on ;
Et me voici sur un ponton ; —
J'aimerais presque autant la terre !
Cependant je respire ici
L'odeur de la vague et des brises.
Vous êtes marins, Dieu merci !
Nous causons de combats, de prises,
Nous fumons, et nous prenons l'air
Qui vient aux sabords de la mer.

Votre voix m'anime et me flatte,

Aussi je vous dirai souvent :

-- Qu'elle était belle ma Frégate,

Lorsqu'elle voguait sous le vent !

❀

A Dieppe, 1828.

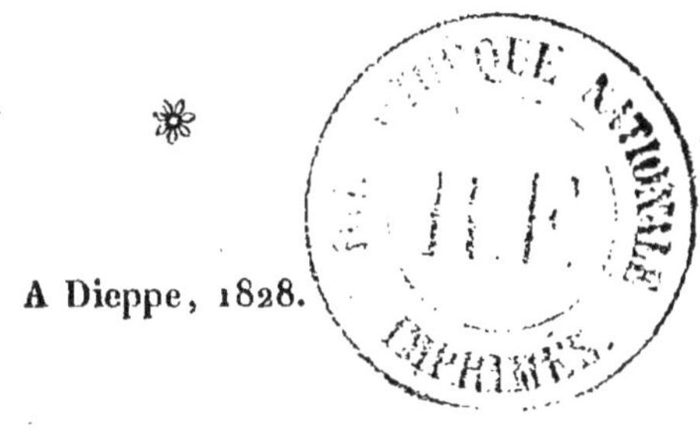

FIN.

❀

# TABLE DES MATIÈRES.

BIBLIOTHÈQUE NATIONALE IMPRIMÉS

## LIVRE ANTIQUE.

### ANTIQUITÉ BIBLIQUE.



### ANTIQUITÉ HOMÉRIQUE.

## LIVRE MODERNE.



FIN DE LA TABLE.

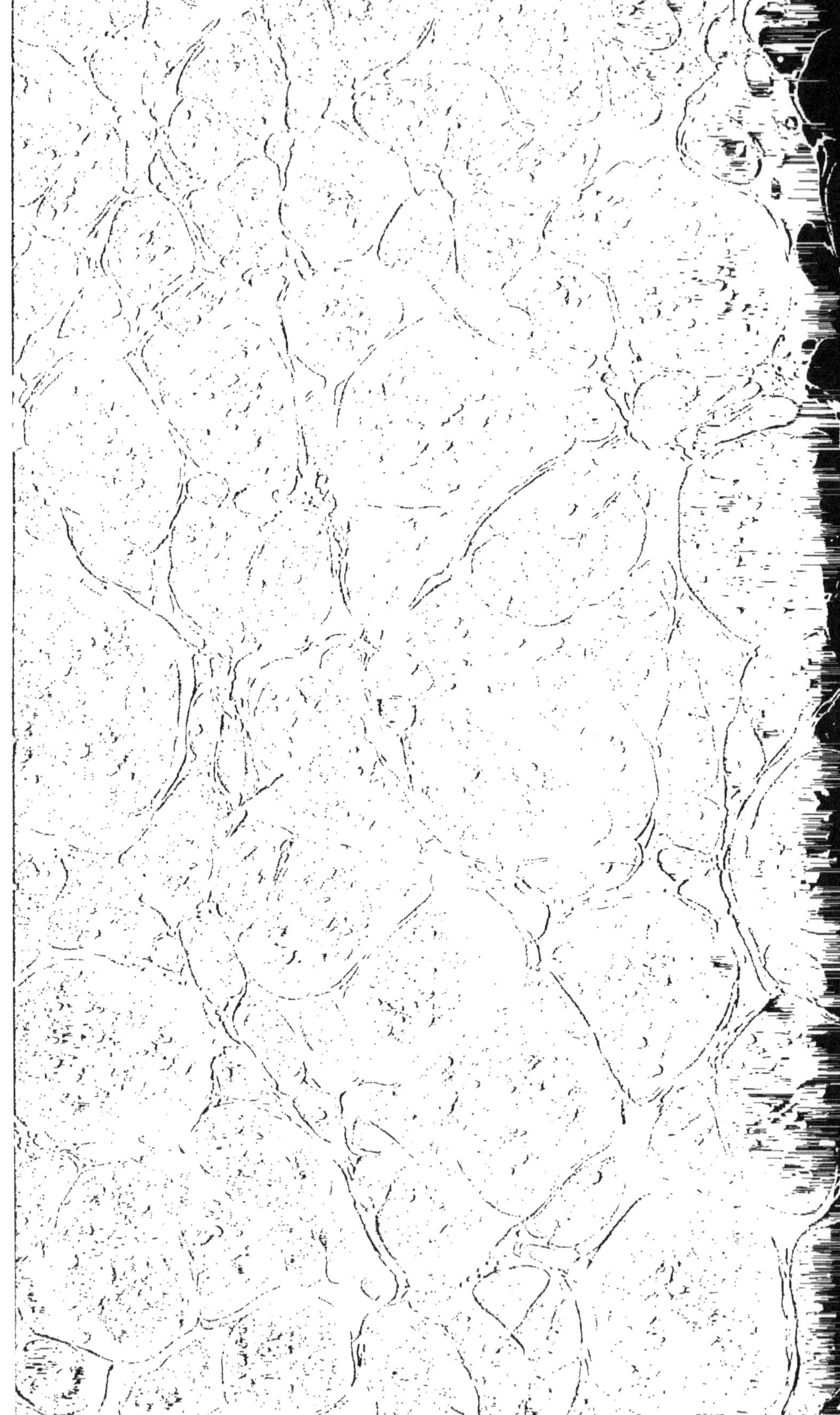

BIBLIOTHEQUE NATIONALE DE FRANCE
3 7502 01285836 3

www.ingramcontent.com/pod-product-compliance
Lightning Source LLC
LaVergne TN
LVHW010536100826
845148LV00001B/205

* 9 7 8 2 0 1 2 1 7 9 7 0 7 *